覚える中国語
― 必修単語800 ―

吉冨　透
何　秋平
陳　思穎　編著
関口　勝
原瀬隆司

駿河台出版社

まえがき

　本書は、初級レベルの中国語を学ぶ際の、副教材として編まれています。単語ドリル（巻末）を付した「単語」、それと中国の新聞から採った短い記事と新語紹介文の二つの部分から構成されています。中国語を習い始めたばかりの人と、すでに初級段階を習い終えた人を対象にしています。

　「単語」では、人称代名詞・量詞をはじめとする基礎語彙400語を掲げ、また文化・社会生活などに関する名詞約400語を14項目に分類して掲げています。巻末にはその到達度をチェックする小テストが付いています。これを使い、初級レベル単語の習得と復習を計っています。

　本書の特徴は、「単語」を基礎として、写真と漫画といった画像を添えた新聞記事を文例に採り、その読解を通じて、隣国の庶民の暮らしぶりが垣間見れることを目指した点にあります。中国社会に対する学習者の強い関心がその中国語学習の動機付けになっているという、編者一同の共通の認識が、本書編集の出発点になっています。

　語学学習の緩やかな段階的向上という教学の点から見れば、本テキストの内容には、「単語」と「記事」のレベルに大きな乖離があります。しかし、学習者が自己の日本漢語の再発掘、辞書検索の弛まぬ努力、それと教授者の、文法及び中国事情に対する補足説明があれば、本書の目的は達成できるのではないかと考えております。

　このテキストは、短い期間に1冊にまとめることとなったため、不備な点や特に単語の選択に過不足があるかもしれません。教授者の方々には、これに対してご教示・ご批判をお寄せ頂きたいと願っております。

　なお、「単語」は中国語検定協会の定める準4級、4級単語から大半を採り、3級単語からも一部を採っています。中国語ローマ字表記は、「汉语拼音正词法基本规则」に依り、発音・品詞規定は『现代汉语词典』（修訂本）と『現代中国語辞典』（光生館）を参考にさせていただきました。また、新聞記事は2001年の『新民晚报』、『解放日报』（共に上海刊）から採らせていただきました。ここに記して感謝申し上げます。

　最後に、出版の機会を与えていただきました駿河台出版社の井田洋二社長と編集者の猪腰くるみさんに心よりのお礼を申し上げます。

編　者

目　次

まえがき ……………………………………………………………… 1

◆本編　（全787語）
- **A　基礎単語**（408）……………………………………… 6〜23
  - 1　人称代詞・疑問詞・指示代詞（33）………………… 6
  你是"网虫"吗？
  - 2　職業・数詞・量詞（41）……………………………… 8
  你是什么"族"？
  - 3　方位詞（27）…………………………………………… 10
  从"下岗"到"下课"
  - 4　時間詞（14）…………………………………………… 12
  到处都有"秀"
  - 5　動詞（188）……………………………………………… 14
  "看好"与"见好"
  - 6　形容詞（105）…………………………………………… 20
  "酷"了又"酷"
- **B　名詞**（379）…………………………………………… 24〜51
  - 1　文化・体育・学習（40）……………………………… 24
  高考今天发榜
  - 2　社会生活（31）………………………………………… 26
  香港市民慰问驻港部队
  - 3　場所・建物（27）……………………………………… 28
  2008北京拥抱奥运
  - 4　交通・通信（15）……………………………………… 30
  上海高速公路网
  - 5　服装（19）……………………………………………… 32
  流行款式
  - 6　生活用具・工具（36）………………………………… 34
  陕西"拗断"一次性木筷
  - 7　時間（29）……………………………………………… 36
  过年农家乐

3

8	天文（12） ··················	38
	利用太阳能照明的街灯、电话亭、厕所	
9	地理（17） ··················	40
	全国部分城市	
10	動・植物（31） ··················	42
	安徽菜农办蔬菜超市	
11	飲食（40） ··················	44
	无辣不成餐	
12	抽象名詞（22） ··················	46
	福	
13	身体（27） ··················	48
	早餐宜添加蔬菜水果	
14	親族呼称（33） ··················	50
	小朋友，你爸呢？	

◆**ドリル編**
ピンイン本文：念一念（読んでみましょう） ·················· 55
単語ドリル ·················· 95

本　　　編

A　基礎単語 ……　6p〜23p
B　名　　詞 ……24p〜51p

A-1 人称代詞・疑問代詞・指示代詞

☐	我	wǒ	私
☐	我们	wǒmen	私たち
☐	你	nǐ	あなた
☐	你们	nǐmen	あなた方
☐	他	tā	かれ
☐	她	tā	かの女
☐	它	tā	それ
☐	他们	tāmen	かれら
☐	她们	tāmen	かの女達
☐	它们	tāmen	それら
☐	您	nín	「你」の敬称
☐	谁	shuí、shéi	誰
☐	什么	shénme	何
☐	哪	nǎ	どれ
☐	哪里	nǎli	どこ、どちら
☐	哪儿	nǎr	どこ、どちら
☐	几	jǐ	幾つ（10以内）
☐	多少	duōshao	幾つ（10以上）
☐	怎样	zěnyàng	どのようであるか、どのように
☐	怎么	zěnme	どのように、なぜ
☐	怎么样	zěnmeyàng	どのようであるか
☐	如何	rúhé	どのようであるか、どのように
☐	多	duō	どのくらいの；多远、多久、多大
☐	这	zhè	これ
☐	那	nà	あれ
☐	这儿	zhèr	ここ、こちら
☐	这里	zhèli	ここ、こちら
☐	那儿	nàr	あそこ、あちら
☐	那里	nàli	あそこ、あちら
☐	这样	zhèyàng	このようだ、このように
☐	那样	nàyàng	あのようだ、あのように
☐	这么	zhème	このように
☐	那么	nàme	あのように

新词（新語）

你是"网虫"吗？

随着因特网技术的发展和普及，与"网"有关的词一下儿多了起来。"网民""网友"是上网的人和网上的朋友，"网校""网店"是网上的学校和商店，"网上购物""网上炒股""网上招聘"是在网上进行的各种活动。还有一个更形象的词——"网虫"，它借虫子比喻那些一头钻进计算机不肯出来的痴迷者。虽然"网虫"不象"蛀虫""懒虫""寄生虫"那样含有明确的贬义，但是终日沉溺于"网上聊天""网上游戏"，还是不太好吧？

你一定也是一个"网民"吧，那么你是不是"网虫"呢？

国内网校知多少？

■注释

因特网	yīntèwǎng	インターネット
购物	gòu wù	買い物、ショッピング
炒股	chǎo gǔ	株取り引き
招聘	zhāopìn	招聘
一头钻进计算机	yī tóu zuānjìn jìsuànjī	コンピュータに一旦のめり込む（と）
不肯出来	bù kěn chūlai	なかなか出てこようとしない
痴迷者	chīmízhě	「お宅」
沉溺于~	chénnì yú	~にうつつを抜かす
聊天	liáo//tiān	おしゃべり、チャット
游戏	yóuxì	ゲーム

A-2　職業・数詞・量詞

☐	学生	xuésheng	学生
☐	老师	lǎoshī	教師
☐	大夫	dàifu	医者
☐	医生	yīshēng	医者
☐	司机	sījī	運転手
☐	老百姓	lǎobǎixìng	庶民、民衆
☐	小学生	xiǎoxuéshēng	小学生
☐	零	líng	0
☐	一	yī	1
☐	二	èr	2
☐	两	liǎng	2
☐	三	sān	3
☐	四	sì	4
☐	五	wǔ	5
☐	六	liù	6
☐	七	qī	7
☐	八	bā	8
☐	九	jiǔ	9
☐	十	shí	10
☐	百	bǎi	100
☐	千	qiān	1000
☐	万	wàn	万
☐	亿	yì	億
☐	个	ge	個、箇、ヶ 例一个人，五个苹果
☐	位	wèi	方 例三位客人
☐	些	xiē	少し 例这些人，一些
☐	块	kuài	個 例两块香皂
☐	幅	fú	幅 例一幅画
☐	副	fù	組、対 例一副手套
☐	篇	piān	篇 例三篇文章
☐	双	shuāng	足 例一双鞋
☐	头	tóu	頭 例十头牛
☐	面	miàn	枚 例一面镜子
☐	片	piàn	枚 例几片树叶
☐	座	zuò	ツ 例两座山
☐	米	mǐ	メートル 例一百米
☐	声	shēng	声 例大叫一声
☐	趟	tàng	一往復 例去两趟北京
☐	次	cì	回 例来三次
☐	张	zhāng	枚 例一张纸
☐	封	fēng	通 例一封信

 新词（新語）

你是什么"族"？

"我是汉族""他是回族"，这个"族"表示民族、种族。可是最近几年，像"上班族"、"打工族"、"开车族"、"公交族"的说法流行起来，"××族"是把具有某种共同特征的人归为一类的说法，所以"上班族"就是那些有固定工作的人，而"打工族"则是做临时工作的人。"开车族"是有私人汽车的人，"公交族"是利用公共汽车、地铁等交通工具上下班的人。

那么"打的族""刷卡族"呢？你一定知道他们是些什么样的人了吧。可能你不属于这些"族"，但是你是不是一个崇拜歌星、影星的"追星族"呢？

■注释

种族	zhǒngzú	種族
打工	dǎgōng	アルバイト
公交	gōng-jiāo	公共交通（機関）
则是	zéshì	＝就是
私人汽车	sīrén qìchē	自家用車、マイカー
打的族	dǎdī zú	タクシー利用、通勤者
刷卡族	shuākǎ zú	カード利用者
歌星	gēxīng	人気歌手
影星	yǐngxīng	映画スター
追星族	zhuīxīng zú	「追っかけ」

A-3　方位詞

☐	上边	shàngbian	上（うえ）
☐	下边	xiàbian	下（した）
☐	前边	qiánbian	前
☐	后边	hòubian	後ろ
☐	左边	zuǒbian	左
☐	右边	yòubian	右
☐	里边	lǐbian	なか
☐	里面	lǐmian	なか
☐	外边	wàibian	そと
☐	旁边	pángbiān	そば
☐	中间	zhōngjiān	あいだ
☐	一边	-bian	接尾辞
☐	一面	-mian	接尾辞
☐	门前	mén qián	玄関先
☐	门外	mén wài	門外
☐	椅子上	yǐzi shàng	椅子の上
☐	家里	jiā li	家のなか
☐	屋檐下	wūyán xià	軒下
☐	上下	shàngxià	うえした
☐	前后	qiánhòu	ぜんご
☐	左右	zuǒyòu	さゆう
☐	内外	nèiwài	うちそと
☐	东	dōng	ひがし
☐	南	nán	みなみ
☐	西	xī	にし
☐	北	běi	きた

 新词（新語）

从"下岗"到"下课"

"下岗"本来是指军人或警察离开守卫的岗位，现在则用来比喻失业。"下岗职工""下岗人员"的再就业是当今中国社会一个急待解决的大问题。

"下课"本来是指学校里上课时间结束，老师同学休息。但是近几年来，"下课"的叫声开始从球场和球迷的口中传出。原来这里"下课"的意思是说球员的表现太差，应该下场了，球迷用"下课"表示不满的情绪。同样，听报告时说"下课"，是指报告乏味无趣，应该结束了，看节目时说"下课"，是指演出不精彩，不合口味，不要再演了。

近来，"下课"的使用范围广了，罢免职务，下岗也用上了"下课"一词，报上就有"对待旅客态度生硬，列车长'下课了'"的标题，所以"下课"成了不体面的下台的同义语。

■注释

岗位	gǎngwèi	持ち場、職場
则	zé	＝就
球迷	qiúmí	サポーター
下场	xià//chǎng	退場
乏味无趣	fáwèi wúqù	無味乾燥で面白味の無い
罢免	bàmiǎn	解任する
生硬	shēngyìng	ぶっきらぼうな
列车长	lièchēzhǎng	専務車掌
不体面	bù tǐmiàn	体裁の悪い、不名誉な
下台	xià//tái	退場（する）

A-4 時間詞

- [ ] 前天　　qiántiān　　おととい
- [ ] 昨天　　zuótiān　　きのう
- [ ] 今天　　jīntiān　　きょう
- [ ] 明天　　míngtiān　　あした
- [ ] 后天　　hòutiān　　あさって
- [ ] 星期一　xīngqī yī　　月曜日
- [ ] 星期天　xīngqī tiān　日曜日
- [ ] 星期日　xīngqī rì　　日曜日
- [ ] 前年　　qiánnián　　おととし
- [ ] 去年　　qùnián　　去年
- [ ] 今年　　jīnnián　　今年
- [ ] 明年　　míngnián　　来年
- [ ] 后年　　hòunián　　さらいねん
- [ ] 一月　　yī yuè　　いちがつ

新词（新語）

到处都有"秀"

"秀"是英语"show"的音译。你如果稍微注意一下会发现最近在我们的生活里突然出现了许许多多的"秀"，"脱口秀"、"服装秀"、"发型秀"、"模仿秀"等等。在这里"秀"可以解释为"用……表演、展示"。所以有脱口而出，机智灵活口才的叫"脱口秀"，善于惟妙惟肖模仿他人的就叫"模仿秀"，而用服装、发型演出、展示的就叫"服装秀"、"发型秀"。

既然是表演、展示，就有故作姿态、矫揉造作的，人们说那是"作秀"。"作秀"可以说是对"作假"幽默、善意的讽刺。

■注释

脱口而出	tuōkǒu-érchū	矢つぎばやに言葉がでる
机智灵活	jīzhì línghuó	機知に富み対応がはやい
口才	kǒucái	弁が立つ、弁舌の才
维妙维肖	wéimiào-wéixiào	そっくりである、真に迫っている
故作姿态	gùzuò zītài	無理してつくった態度、様子、しぐさ
矫揉造作	jiǎoróuzàozuò	飾りすぎて不自然なしぐさ
作秀	zuò xiù	見え見えのポーズをとる
作假	zuò//jiǎ	ごまかす、故意に〜らしくする
幽默	yōumò	ユーモア
讽刺	fěngcì	風刺

A-5 動詞

【心理】

☐	想	xiǎng	思う、考える
☐	爱	ài	愛する、好む
☐	猜	cāi	推量する
☐	懂	dǒng	わかる、理解する
☐	求	qiú	もとめる
☐	要	yào	もとめる、欲しい
☐	让	ràng	譲る、〜させる
☐	是	shì	〜である
☐	算	suàn	〜だと考えられる、〜と見なす、見当をつける
☐	像	xiàng	〜みたいだ、〜に似ている
☐	嫌	xián	〜であっては困る、嫌う
☐	祝	zhù	祈る
☐	怕	pà	〜を恐れる、〜でないかと心配する

【頭部】

☐	唱	chàng	歌う
☐	吹	chuī	吹く
☐	吃	chī	食べる
☐	答	dá	答える
☐	戴	dài	かぶる、載せる
☐	读	dú	読む
☐	喝	hē	飲む
☐	讲	jiǎng	話す、語る
☐	说	shuō	話す
☐	谈	tán	論ずる、話し合う
☐	听	tīng	聞く
☐	教	jiāo	教える
☐	叫	jiào	叫ぶ、呼ぶ
☐	看	kàn	見る、読む
☐	渴	kě	渇く
☐	吐	tǔ、tù	吐く
☐	抽	chōu	吸う、引き抜く
☐	问	wèn	尋ねる
☐	闻	wén	匂いを嗅ぐ
☐	吸	xī	吸う
☐	哭	kū	泣く

☐	骂	mà	罵る
☐	念	niàn	声を出して読む
☐	睡	shuì	寝る
☐	笑	xiào	笑う、にっこりする

【手足】

☐	办	bàn	する 例怎么办？
☐	干	gàn	する 例干活儿
☐	做	zuò	する 例做客
☐	搞	gǎo	する 例搞清楚
☐	穿	chuān	着る、はく
☐	抱	bào	抱く、抱える
☐	擦	cā	こする
☐	拆	chāi	取り壊す、封を切る、はがす
☐	搭	dā	（足場、支柱などを）組む、架ける
☐	打	dǎ	打つ
☐	放	fàng	置く
☐	扶	fú	支える、手を添える
☐	盖	gài	蓋をする
☐	给	gěi	与える
☐	挂	guà	掛ける
☐	画	huà	描く
☐	划	huá	（刃物などで）ふたつに切りわける
☐	还	huán	返却する
☐	寄	jì	郵送する
☐	送	sòng	贈呈する、届ける、見送る
☐	开	kāi	開く、運転する
☐	拿	ná	手に持つ、受け取る
☐	提	tí	ぶら下げる、掲げる
☐	铺	pū	地面などに敷く、並べ覆う
☐	敲	qiāo	打つ、ノックする
☐	扔	rēng	ほうり投げる、（投げ）捨てる
☐	撒	sǎ	まく、ふりかける
☐	扫	sǎo	（箒で）掃く
☐	收	shōu	受け取る、片付ける、集める
☐	受	shòu	（教育などを）受ける、負う
☐	摔	shuāi	たたきつけるように投げる、落ちる、転ぶ
☐	撕	sī	裂く
☐	推	tuī	推す
☐	拖	tuō	引きずる

☐	挖	wā	掘る
☐	握	wò	握る
☐	洗	xǐ	洗う
☐	写	xiě	書く
☐	用	yòng	用いる
☐	查	chá	調べる
☐	摘	zhāi	摘みとる
☐	煮	zhǔ	（煮立てて）調理する、消毒する
☐	抓	zhuā	しっかり掴む、逮捕する
☐	到	dào	到る
☐	逛	guàng	ぶらつく
☐	过	guò	通り過ぎる
☐	来	lái	来る、（～が）やる
☐	跑	pǎo	走る、逃げる
☐	骑	qí	跨る
☐	去	qù	行く、去る
☐	踢	tī	蹴る
☐	跳	tiào	跳ねる
☐	伸	shēn	伸ばす
☐	躺	tǎng	横たわる、寝そべる
☐	停	tíng	止まる
☐	等	děng	待つ
☐	下	xià	降りる、降る、下す
☐	站	zhàn	立つ
☐	走	zǒu	出かける、帰る；歩く
☐	坐	zuò	腰掛ける、（車に）乗る
☐	出	chū	出る
☐	进	jìn	入る
☐	回	huí	戻る
☐	上	shàng	上がる
☐	爬	pá	這う

【往来・交流】

☐	学	xué	学ぶ
☐	请	qǐng	招く、お願いする
☐	陪	péi	お供する、付き添う
☐	花	huā	（金、時間を）使う、かける
☐	接	jiē	接触する、出迎える、つなぐ
☐	借	jiè	借りる、貸す
☐	买	mǎi	買う
☐	卖	mài	売る

【存在・発生】

☐	有	yǒu	(〜には…が) 有る
☐	在	zài	(…は〜に) 居る、ある
☐	住	zhù	住む
☐	沉	chén	沈む、静める
☐	成	chéng	完成する、〜と成る
☐	长	zhǎng	成長する、増える
☐	生	shēng	生む
☐	刮	guā	(風が) 吹く；剃る
☐	结	jié	凝固する；結ぶ
☐	淋	lín	(水などが) 降り注ぐ
☐	露	lù	現れる、浮かぶ
☐	闪	shǎn	ピカリと光る、閃光を放つ
☐	烧	shāo	燃やす、沸かす、炊く、煮込む
☐	完	wán	完成する、終える

【複合動詞・動賓連語】

☐	抱歉	bàoqiàn	済まなく思う
☐	抱怨	bàoyuàn	不満に思う
☐	漱口	shù//kǒu	うがいをする
☐	刷牙	shuā yá	歯を磨く
☐	睡觉	shuì//jiào	眠る
☐	说话	shuō//huà	話す
☐	着急	zháo//jí	急ぐ、焦る
☐	住院	zhù//yuàn	入院する
☐	上班	shàng//bān	出勤する
☐	上课	shàng//kè	授業にでる
☐	上学	shàng//xué	登校する、学校にあがる
☐	照相	zhào//xiàng	写真をとる
☐	跳舞	tiào//wǔ	ダンスをする
☐	费心	fèi//xīn	気を使う、苦労する
☐	同意	tóngyì	同意する
☐	识字	shí zì	字を覚える
☐	见面	jiàn//miàn	会う
☐	请假	qǐng//jià	休みをとる
☐	请教	qǐngjiào	教えを乞う
☐	刮风	guā fēng	風が吹く
☐	下雪	xià xuě	雪が降る
☐	愿意	yuànyì	願う
☐	希望	xīwàng	希望する
☐	喜欢	xǐhuan	好む

☐	盼望	pànwàng	強く願う
☐	需要	xūyào	要する
☐	认识	rènshi	知る、見知っている
☐	休息	xiūxi	休む
☐	保重	bǎozhòng	（身体を）いたわる、大事にする
☐	商量	shāngliang	相談する
☐	帮助	bāngzhù	手助けする
☐	表演	biǎoyǎn	演技する、実演する、披露する、上演する
☐	回答	huídá	回答する
☐	学习	xuéxí	学習する
☐	习惯	xíguàn	慣れる
☐	增加	zēngjiā	増加する
☐	团结	tuánjié	団結する
☐	觉得	juéde	思う、感じる
☐	懂得	dǒngde	分かる
☐	知道	zhīdao	知っている
☐	告诉	gàosu	知らせる
☐	打扫	dǎsǎo	掃除する
☐	欢迎	huānyíng	歓迎する
☐	介绍	jièshào	紹介する
☐	请求	qǐngqiú	丁寧にお願いする、招待する
☐	感谢	gǎnxiè	ありがたく思う
☐	赞成	zànchéng	賛成する
☐	准备	zhǔnbèi	準備する
☐	熟悉	shúxi	詳しく知っている
☐	完成	wán//chéng	完成する
☐	认为	rènwéi	〜だと思う
☐	答应	dāying	承諾する
☐	教给	jiāogei	〜に教える
☐	交给	jiāogei	〜に渡す
☐	看见	kàn//jian	見かける
☐	听见	tīng//jian	耳にする、聞こえる
☐	说明	shuōmíng	説明する
☐	起来	qǐ//lái	起きあがる
☐	忘了	wàngle	忘れてしまう
☐	完了	wánliǎo	完成した
☐	作为	zuòwéi	〜と見なす
☐	放大	fàngdà	拡大する
☐	表现	biǎoxiàn	示す、表す、表現する

新词（新語）

"看好"与"见好"

"中国市场前景看好"，"奶奶的病见好了"，这两个句子的"看好"与"见好"是不能互换的，为什么呢？

"看好"的"好"表示未然的、预测的"好"，表示估计会越来越好，"见好"的"好"是已然的、已经看到的"好"。中国市场有发展前途，会越来越好，所以用"看好"，奶奶的病经过治疗，已经看到疗效，所以用"见好"。

现在我们经常可以在报刊杂志上看到"外商看好北京房地产"，"这场比赛，人们看好申花队"，这是表示一种选择，在很多城市和各种行业中，外商认为北京的房地产更有发展，在两支球队的比赛中，人们认为"申花队"取胜的可能性很大。

"这两年孩子的个子见长，妈妈却见老了"，这是说岁月流逝，孩子的个子长高了，妈妈却在逐渐变老。

■注释

前景	qiánjǐng	前途、先行き
估计	gūjì	推測する
房地产	fángdìchǎn	不動産としての土地家屋
申花队	Shēnhuā duì	上海の人気サッカーチーム '申' は上海の別称
行业	hángyè	業種
岁月流逝	suìyuè liúshì	時間の経過するのが速いこと
见长	jiànzhǎng	成長する
见老	jiàn lǎo	老いる
长高	zhǎng gāo	背が高くなる
变老	biàn lǎo	年寄りになる

A-6 形容詞

【人について】

- ☐ 矮　　　ǎi　　　　　背が低い
- ☐ 饿　　　è　　　　　お腹がすいている
- ☐ 高兴　　gāoxìng　　うれしい
- ☐ 好　　　hǎo　　　　よい、りっぱな、健康だ
- ☐ 坏　　　huài　　　　悪い
- ☐ 健康　　jiànkāng　　健康な
- ☐ 可爱　　kě'ài　　　　かわいい
- ☐ 客气　　kèqi　　　　遠慮深い
- ☐ 困难　　kùnnan　　　困難な
- ☐ 老实　　lǎoshi　　　真面目な
- ☐ 累　　　lèi　　　　　疲れている
- ☐ 麻烦　　máfan　　　めんどうな
- ☐ 马虎　　mǎhu　　　　いい加減な
- ☐ 忙　　　máng　　　　忙しい
- ☐ 没关系　méi guānxi　関係がない、だいじょうぶ
- ☐ 闷　　　mēn　　　　空気が悪い、むっとする
- ☐ 明白　　míngbai　　明白な
- ☐ 难　　　nán　　　　難しい
- ☐ 简单　　jiǎndān　　　簡単な
- ☐ 容易　　róngyì　　　容易な
- ☐ 年轻　　niánqīng　　若い
- ☐ 胖　　　pàng　　　　太っている
- ☐ 瘦　　　shòu　　　　やせている
- ☐ 漂亮　　piàoliang　　きれいな、美しい
- ☐ 穷　　　qióng　　　　貧しい
- ☐ 认真　　rènzhēn　　真剣な、まじめな
- ☐ 舒服　　shūfu　　　　快適な、気持ちの伸びやかな
- ☐ 随便　　suíbiàn　　　拘泥しない、自由な、気ままな
- ☐ 亲切　　qīnqiè　　　心のこもった、親しみのある
- ☐ 小心　　xiǎoxīn　　注意深い
- ☐ 辛苦　　xīnkǔ　　　辛い、負担の大きい
- ☐ 疼　　　téng　　　　痛い
- ☐ 愉快　　yúkuài　　　愉快な
- ☐ 行　　　xíng　　　　よろしい、問題ない
- ☐ 不要紧　bù yàojǐn　心配ない、だいじょうぶ

【色】
- ☐ 白　　bái　　白
- ☐ 黒　　hēi　　黒
- ☐ 红　　hóng　　赤
- ☐ 绿　　lǜ　　みどり
- ☐ 青　　qīng　　みどり、藍、くろ

【ものの性状】
- ☐ 薄　　báo　　薄い
- ☐ 不错　　bùcuò　　悪くはない
- ☐ 不同　　bùtóng　　同じでない
- ☐ 差不多　　chàbuduō　　大して変わらない、ほぼ同じ、いい頃合の
- ☐ 对　　duì　　正しい
- ☐ 清楚　　qīngchu　　正確な、明確な
- ☐ 长　　cháng　　長い
- ☐ 粗　　cū　　太い
- ☐ 细　　xì　　細い
- ☐ 大　　dà　　大きい
- ☐ 低　　dī　　低い
- ☐ 短　　duǎn　　短い
- ☐ 多　　duō　　多い
- ☐ 干净　　gānjìng　　清潔な、きれいな
- ☐ 够　　gòu　　充分な、足りている
- ☐ 好看　　hǎokàn　　美しい、見栄えがする、素敵な
- ☐ 好听　　hǎotīng　　耳ざわりのいい、(声、歌、曲の) 好い、きれいな
- ☐ 好闻　　hǎowén　　いい匂いのする
- ☐ 厚　　hòu　　厚い
- ☐ 结实　　jiēshi　　丈夫な、頑丈な
- ☐ 旧　　jiù　　古い
- ☐ 空　　kōng　　からの
- ☐ 宽　　kuān　　(幅が) 広い
- ☐ 窄　　zhǎi　　(幅が) 狭い
- ☐ 满　　mǎn　　満ちた、いっぱいの、満杯の
- ☐ 浅　　qiǎn　　浅い
- ☐ 深　　shēn　　深い
- ☐ 轻　　qīng　　軽い
- ☐ 软　　ruǎn　　柔らかい
- ☐ 重　　zhòng　　重い

☐	重要	zhòngyào	重要な
☐	硬	yìng	固い
☐	少	shǎo	少ない
☐	小	xiǎo	小さい
☐	新	xīn	新しい
☐	新鲜	xīnxiān	新鮮な
☐	许多	xǔduō	沢山の
☐	一样	yīyàng	同じ、一様な
☐	真	zhēn	本物の
☐	整齐	zhěngqí	整った
☐	正确	zhèngquè	正しい

【気候・値段・味覚】

☐	冷	lěng	寒い
☐	凉快	liángkuai	涼しい
☐	暖和	nuǎnhuo	暖かい
☐	闷热	mēnrè	蒸し暑い
☐	热	rè	暑い
☐	晴	qíng	晴れた
☐	便宜	piányi	（値が）安い
☐	贵	guì	値が高い
☐	香	xiāng	香ぐわしい
☐	臭	chòu	臭い
☐	好吃	hǎochī	美味しい
☐	辣	là	唐辛子辛い
☐	苦	kǔ	苦い
☐	甜	tián	甘い
☐	酸	suān	酸っぱい
☐	一般	yībān	普通の

【時空】

☐	好久	hǎojiǔ	（名詞）長い間
☐	近	jìn	近い
☐	久	jiǔ	久しい
☐	快	kuài	速い
☐	慢	màn	速度が遅い
☐	远	yuǎn	遠い
☐	早	zǎo	早い
☐	晚	wǎn	遅い

新词（新語）

"酷"了又"酷"

"酷"是英语"cool"的音译，但是它成为一个非常流行的汉语新词后，含义更丰富了。

"酷"已经不仅仅可以形容冷峻刚毅的男性，讲究服饰妆扮、追求标新立异的女性，也可以形容一切有个性、有特点、与众不同的事物。优美的建筑、新潮的汽车、精彩的表演、高超的技艺、时尚的语言，都可以用一个"酷"字来赞美，所以"酷"也可以说是"太好了"的同义词。

因为现在追求时髦的少男少女喜欢"扮酷"、"比酷"、"玩儿酷"，所以"酷哥"、"酷妹"、"酷妆"、"酷发"、"酷语"、"酷评"满天飞。

■ 注释

讲究	jiǎngjiu	こだわる
标新立异	biāoxīnlìyì	人とは異なった独自のものを打ち立てる
新潮	xīncháo	ニューモデルの
时尚	shíshàng	その時代にもてはやされる、流行の
时髦	shímáo	流行
扮酷	bàn kù	格好をつける
比酷	bǐ kù	格好良さを競う
玩儿酷	wánr kù	きざに見栄をはる
酷哥	kùgē	かっこいい男性
酷妹	kùmèi	かっこいい女性
酷妆	kùzhuāng	素敵な化粧・装い
酷发	kùfà	素敵な髪型
酷语	kùyǔ	素晴らしいことば
酷评	kùpíng	素晴らしい評価

B-1 文化・体育・学習

☐	班	bān	クラス
☐	教室	jiàoshì	教室
☐	缺席	quēxí	欠席
☐	课	kè	授業
☐	课本	kèběn	テキスト
☐	书	shū	本
☐	字典	zìdiǎn	字典
☐	日记	rìjì	日記
☐	表	biǎo	用紙、リスト
☐	画儿	huàr	絵
☐	作品	zuòpǐn	作品
☐	大学	dàxué	大学
☐	留学	liúxué	留学
☐	暑假	shǔjià	夏休み
☐	大学生	dàxuéshēng	大学生
☐	小学	xiǎoxué	小学校
☐	中学	zhōngxué	中学、高校
☐	相片	xiàngpiàn	写真
☐	照片	zhàopiàn	写真
☐	扇子	shànzi	扇子
☐	收音机	shōuyīnjī	ラジオ
☐	棒球	bàngqiú	野球
☐	琴	qín	琴
☐	球	qiú	ボール
☐	球鞋	qiúxié	運動靴
☐	戏	xì	芝居
☐	小说	xiǎoshuō	小説
☐	杂志	zázhì	雑誌
☐	笔	bǐ	筆
☐	钢笔	gāngbǐ	万年筆
☐	铅笔	qiānbǐ	鉛筆
☐	圆珠笔	yuánzhūbǐ	ボールペン
☐	数学	shùxué	数学
☐	文化	wénhuà	文化、教養
☐	字	zì	字
☐	文字	wénzì	文字
☐	音乐	yīnyuè	音楽
☐	外文	wàiwén	外国語
☐	汉语	Hànyǔ	中国語
☐	中文	Zhōngwén	中国語

消息(ニュース)

高考今天发榜

图为家住香山路8号的考生顾甄评高兴地收到了上海交通大学录取通知书。

■注释

高考	gāokǎo	大学入試
发榜	fā//bǎng	合格発表
考生	kǎoshēng	受験生
顾甄评	Gù Zhēnpíng	人名
上海交通大学	Shànghǎi Jiāotōng Dàxué	大学名
录取通知书	lùqǔ tōngzhīshū	合格通知書

教师节

■注释

甘肃省	Gānsù Shěng	甘粛省
度过	dùguò	過ごす、送る
鲜花	xiānhuā	生け花、切り花

昨天,甘肃省会宁县头寨子乡4名小学教师,在紧张忙碌的工作中度过了没有鲜花、没有掌声的教师节。由于经费短缺,师资力量严重不足,该小学4位老师要教1至6年级的180名学生。图为任教10年的语文教师朱贵忠在课外辅导学生练习书写生词生字。由于经济困难,孩子们只好经常在黄土地上练字。

掌声	zhǎngshēng	拍手の音
教师节	jiàoshījié	教師デー、9月10日、教師は1日または半日の休みとなる
经费短缺	jīngfèi duǎnquē	経費不足
辅导	fǔdǎo	補講

B-2 社会生活

☐ 国	guó	国
☐ 国家	guójiā	国家
☐ 开会	kāihuì	会議
☐ 总理	zǒnglǐ	総理、首相
☐ 部长	bùzhǎng	大臣
☐ 民族	mínzú	民族
☐ 革命	gémìng	革命
☐ 报	bào	新聞
☐ 生活	shēnghuó	生活
☐ 电影	diànyǐng	映画
☐ 任务	rènwu	任務、仕事
☐ 票	piào	切符、券
☐ 物价	wùjià	物価
☐ 钱	qián	お金
☐ 钱包	qiánbāo	財布
☐ 社会	shèhuì	社会
☐ 省	shěng	省
☐ 乡下	xiāngxia	田舎、農村
☐ 人	rén	人
☐ 大家	dàjiā	皆さん
☐ 工人	gōngrén	労働者
☐ 工资	gōngzī	賃金
☐ 贸易	màoyì	貿易
☐ 工厂	gōngchǎng	工場
☐ 公司	gōngsī	会社
☐ 营业	yíngyè	営業、経営
☐ 主人	zhǔren	主人
☐ 姓	xìng	名字、苗字
☐ 名字	míngzi	名（名前）
☐ 姓名	xìngmíng	姓名
☐ 工作	gōngzuò	仕事、活動

我们的节日（剪纸）

 消息（ニュース）

香港市民慰问驻港部队

■注释

香港	Xiānggǎng	香港
驻港部队	zhù Gǎng bùduì	香港駐屯部隊
深圳	Shēnzhèn	深圳
中国人民解放军	Zhōngguó Rénmín Jiěfàngjūn	中国人民解放軍
回归	huíguī	復帰する
慰问活动	wèiwèn huódòng	慰問活動
武器	wǔqì	武器、兵器
装备	zhuāngbèi	装備
机枪	jīqiāng	機関銃

B-3 場所・建物

□ 车站	chēzhàn	駅
□ 商店	shāngdiàn	商店
□ 医院	yīyuàn	病院
□ 银行	yínháng	銀行
□ 邮局	yóujú	郵便局
□ 学校	xuéxiào	学校
□ 食堂	shítáng	食堂
□ 书店	shūdiàn	書店
□ 宿舍	sùshè	宿舎、寮
□ 饭店	fàndiàn	ホテル
□ 旅馆	lǚguǎn	旅館
□ 房子	fángzi	家
□ 附近	fùjìn	付近
□ 庙	miào	廟、寺院
□ 公园	gōngyuán	公園
□ 桥	qiáo	橋
□ 剧场	jùchǎng	劇場
□ 屋子	wūzi	部屋
□ 座	zuò	座席、台
□ 座位	zuòwei	座席、席
□ 门口	ménkǒu	（建物などの）入り口、玄関（口）
□ 墙	qiáng	塀、壁
□ 院子	yuànzi	中庭
□ 池子	chízi	池
□ 窗口	chuāngkǒu	窓口
□ 面前	miànqián	前、面前
□ 外国	wàiguó	外国

■注释

站台　　zhàntái
　　　　プラットホーム
站台票　zhàntáipiào
　　　　入場券
发售处　fāshòu chù
　　　　売り場

■站台票发售处也卖火车票

28

消息(ニュース)

2008 北京拥抱奥运

江泽民致电李岚清对北京申奥成功表示热烈祝贺

2008 北京拥抱奥运

40万首都群众彻夜狂欢庆祝申奥成功

新华社北京7月13日电
　　历史的瞬间变成了永恒的欢乐。当北京申奥成功的消息传来，聚集在中华世纪坛的各界群众爆发出排山倒海的欢呼。40万北京群众自发来到天安门广场，欢庆申奥成功。

■注释

奥运	Ào-yùn	オリンピック大会、"奥林匹克运动会 Àolínpǐkè yùndònghuì"の略称
申奥	shēn Ào	オリンピック招致の申請をする
中华世纪坛	Zhōnghuáshìjìtán	建築物名、中華世紀壇

B-4　交通・通信

- ☐ 车　　　　chē　　　　　　　　車、（バス、汽車、自動車、自転車）
- ☐ 汽车　　　qìchē　　　　　　　自動車（バス、トラック、乗用車）
- ☐ 公共汽车　gōnggòng qìchē　　バス
- ☐ 火车　　　huǒchē　　　　　　汽車
- ☐ 卡车　　　kǎchē　　　　　　　トラック
- ☐ 船　　　　chuán　　　　　　　船
- ☐ 电车　　　diànchē　　　　　　電車、トロリーバス
- ☐ 站　　　　zhàn　　　　　　　　駅
- ☐ 飞机　　　fēijī　　　　　　　　航空機
- ☐ 入口　　　rùkǒu　　　　　　　入り口
- ☐ 路　　　　lù　　　　　　　　　道（道路、鉄道）道のり、通り
- ☐ 街　　　　jiē　　　　　　　　　町（街）、通り
- ☐ 新闻　　　xīnwén　　　　　　ニュース、情報
- ☐ 信封　　　xìnfēng　　　　　　封筒
- ☐ 邮票　　　yóupiào　　　　　　切手

上海高速公路网

上海高速公路网"九加一"的重要组成部分,也是连接浙江的重要通道A4公路(莘奉金高速公路)工程进展顺利,目前已完成投资额的一半,本月底完成土路基施工,明年底全线竣工通车。

■注释

高速公路网	gāosù gōnglù wǎng	高速道路網＊上海高速道路は、総延長距離650キロ、投資総額400億元
"九加一"	jiǔ jiā yī	上海高速道路網の「十大プロジェクト」
浙江	Zhèjiāng	浙江省
通道	tōngdào	道路、通路
土路基	tǔ lùjī	基礎工事(第一期道路基盤)
全线	quánxiàn	全線
通车	tōng//chē	開通する

B-5 服装

☐ 布	bù	布、木綿
☐ 丝	sī	生糸
☐ 丝绸	sīchóu	シルク
☐ 皮	pí	皮
☐ 大衣	dàyī	オーバーコート
☐ 衬衫	chènshān	ブラウス、ワイシャツ
☐ 裤子	kùzi	ズボン
☐ 毛衣	máoyī	セーター
☐ 裙子	qúnzi	スカート
☐ 汗衫	hànshān	下着のシャツ
☐ 上衣	shàngyī	上着
☐ 衣裳	yīshang	衣装
☐ 衣服	yīfu	衣服
☐ 帽子	màozi	帽子
☐ 手套	shǒutào	手袋
☐ 毛巾	máojīn	タオル
☐ 手绢儿	shǒujuànr	ハンカチ
☐ 袜子	wàzi	靴下
☐ 鞋	xié	靴

时尚

消息(ニュース)

流行款式

民族服饰今春成为申城街头的流行款式。你瞧，这些穿着款式各异的民族服饰的女士们，仿佛带来了一股浓浓的春意。

■注释

民族服饰	mínzú fúshì	民族衣装
款式	kuǎnshì	デザイン、様式
女士	nǚshì	女性に対する一般的な敬称
仿佛	fǎngfú	まるで〜のようだ

姹紫嫣红皆是景
缤纷街头满目春

姹紫嫣红	chàzǐyānhóng	色とりどりの花が美しく咲き乱れるさま
缤纷	bīnfēn	花などが咲き乱れるさま、華やかなさま

B-6　生活用具・工具

☐	杯	bēi	グラス、コップ
☐	茶杯	chábēi	茶碗、ティーカップ
☐	茶壶	cháhú	急須、ティーポット
☐	茶碗	cháwǎn	湯呑み
☐	匙子	chízi	さじ、れんげ、スプーン
☐	饭碗	fànwǎn	ご飯茶碗
☐	筷子	kuàizi	箸
☐	碗	wǎn	碗
☐	香皂	xiāngzào	石鹸
☐	脸盆	liǎnpén	洗面器
☐	刷子	shuāzi	ブラシ
☐	刀子	dāozi	ナイフ
☐	铃	líng	鈴
☐	盖儿	gàir	蓋
☐	幕	mù	幕
☐	灯	dēng	あかり、照明器具
☐	床	chuáng	ベッド
☐	毯子	tǎnzi	毛布、絨毯
☐	伞	sǎn	傘
☐	行李	xíngli	旅行の荷物、トランク
☐	首饰	shǒushi	首飾りなどの装身具
☐	手表	shǒubiǎo	腕時計
☐	眼镜	yǎnjìng	眼鏡
☐	钥匙	yàoshi	鍵、キー
☐	椅子	yǐzi	椅子
☐	桌子	zhuōzi	机、テーブル
☐	钟	zhōng	置き時計、鐘
☐	纸	zhǐ	紙
☐	自行车	zìxíngchē	自転車
☐	药	yào	薬
☐	药水	yàoshuǐ	水薬、薬液
☐	药片	yàopiàn	錠剤
☐	东西	dōngxi	物
☐	开关	kāiguān	スイッチ
☐	电扇	diànshàn	扇風機
☐	电视	diànshì	テレビ

消息(ニュース)

为保护森林资源和生态效益
陕西"拗断"一次性木筷

据新华社西安6月1日晚报专电

陕西省从今天起不再生产、销售和使用耗费大量木材的一次性木筷。

省政府的决定说,此前广泛使用的一次性木筷,不仅大量消耗森林资源,而且在生产、运输和销售中带来了多次污染。

有资料显示,我国现在每年生产大约450亿双一次性木筷,需要砍伐杨树、桦树2500万棵。

■注释

拗断	ǎoduàn	折る
木筷	mùkuài	木製の箸。ここでは「割り箸」のこと
生态	shēngtài	生態
陕西省	Shǎnxī Shěng	陕西省
销售	xiāoshòu	売る
耗费	hàofèi	消費(する)
省政府	shěng zhèngfǔ	省政府
砍伐	kǎnfá	伐採する、切り倒す
杨树	yángshù	楊樹
桦树	huàshù	シラカバ

B-7 時　間

☐	现在	xiànzài	今さっき、ただ今、今から
☐	白天	báitiān	昼間
☐	春天	chūntiān	春
☐	夏天	xiàtiān	夏
☐	秋天	qiūtiān	秋
☐	冬天	dōngtiān	冬
☐	每天	měitiān	毎日
☐	日子	rìzi	日
☐	上午	shàngwǔ	午前
☐	下午	xiàwǔ	午後
☐	天亮	tiānliàng	夜明け
☐	早晨	zǎochen	早朝
☐	早上	zǎoshang	朝
☐	傍晚	bàngwǎn	夕方
☐	晚	wǎn	晩、夜
☐	晚上	wǎnshang	晩、夜
☐	夜里	yèli	夜中
☐	日期	rìqī	期日、日付
☐	年	nián	年
☐	日	rì	日
☐	时候	shíhou	時
☐	时间	shíjiān	時間
☐	小时	xiǎoshí	時間（長さ）
☐	钟头	zhōngtóu	時間（長さ）
☐	秒	miǎo	秒
☐	一会儿	yīhuìr	しばらくの間
☐	春节	chūnjié	旧暦の正月
☐	以前	yǐqián	以前、（その）前
☐	以后	yǐhòu	以後、（その）後

消息（ニュース）

过年农家乐

老人赛棋

　　新春佳节，朱家角镇的江南第一茶楼——春来茶楼喜气洋洋，大家喝喝茶，下下棋，开展健康文明的娱乐活动，暖意融融，其乐无穷。

■注释

过年	guònián	年越し
赛棋	sài qí	将棋の試合
新春佳节	xīnchūn jiājié	新春の祝日
茶楼	chálóu	茶屋、茶館
喜气洋洋	xǐqì yángyáng	喜びにあふれている
暖意融融	nuǎnyì róngróng	暖かく楽しい様子
其乐无穷	qílè-wúqióng	その楽しみが尽きることがない

B-8 天 文

☐	冰	bīng	氷
☐	风	fēng	風
☐	空气	kōngqì	空気
☐	露	lù	露
☐	闪电	shǎndiàn	稲妻
☐	太阳	tàiyáng	太陽
☐	天气	tiānqì	天気
☐	雪	xuě	雪
☐	雨	yǔ	雨
☐	月亮	yuèliang	月
☐	月历	yuèlì	カレンダー
☐	星星	xīngxing	星

1999 年 12 月
23
星期四
农历己卯年 十一月大十六
十一月三十 小寒

上海市区天气预报
晴天
温度:-4℃~5℃,有冰冻
风向:西北
风力:4~5级
明晴到多云
温度:-1℃~7℃,有薄冰
风向:偏西
风力:3~4级

■注释

农历 nónglì　農事暦、陰暦、夏暦
己卯 jǐmǎo　己卯の年。＊十干（甲乙丙丁戊己庚辛壬癸）と十二支（子丑寅卯辰巳午未申酉戌亥）を組み合わせて年を表す。
（十一月）大 dà　大の月。＊陽暦では31日、陰暦では30日ある月のことをいう。また"小月"はそれぞれの日数に足りない月をいう。陰暦の大の月の16日目をいう。
小寒 xiǎohán　小寒
晴天 qíngtiān　晴れ
冰冻 bīngdòng　氷結
薄冰 báo bīng　薄氷
偏西 piān xī　西より（の風）

消息（ニュース）

利用太阳能照明的街灯、电话亭、厕所

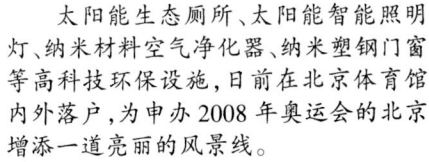

太阳能生态厕所、太阳能智能照明灯、纳米材料空气净化器、纳米塑钢门窗等高科技环保设施，日前在北京体育馆内外落户，为申办2008年奥运会的北京增添一道亮丽的风景线。

图①北京工人体育场内新建的经一天采光就可照明三天的太阳能照明灯。

图②利用太阳能提供电源的电话亭。

图③北京工人体育场新安装的带有太阳能电池板的生态厕所。这种厕所节能节水，卫生舒适，太阳能电池能提供1000瓦的电量，充分保证厕所照明、动力和室外灯厢广告用电。

■注释

太阳能	tàiyángnéng	太陽エネルギー
智能照明灯	zhìnéng zhàomíngdēng	センサー感知ライト
纳米塑钢	nàmǐ sùgāng	ナノテクノロジーを応用した新素材
高科技	gāo-kē-jì	ハイテク
环保	huán-bǎo	環境保護
落户	luòhù	設置する
风景线	fēngjǐngxiàn	風景ライン
节能节水	jié néng jié shuǐ	省エネと節水
灯厢广告	dēngxiāng guǎnggào	ショーウインド型照明付広告

39

B-9　地　理

☐	地理	dìlǐ	地理
☐	地面	dìmiàn	地面、地上
☐	地图	dìtú	地図
☐	地形	dìxíng	地形
☐	地质	dìzhì	地質
☐	洞	dòng	洞穴
☐	海	hǎi	海
☐	河	hé	川
☐	山	shān	山
☐	火	huǒ	火
☐	水	shuǐ	水
☐	煤	méi	石炭
☐	泥	ní	泥
☐	石头	shítou	石
☐	石油	shíyóu	石油
☐	铁	tiě	鉄
☐	铜	tóng	銅

"五一"黄金周将临，往南昌方向的旅游线路火爆，许多人想去革命圣地井冈山一游。图为昨晚上海至南昌的旅游专列将启程。

■ **注释**
黄金周	huángjīnzhōu	ゴールデンウィーク。
南昌	Nánchāng	南昌
火爆	huǒbào	盛況（を呈する）
革命圣地井冈山	gémìng shèngdì Jǐnggāng Shān	
		中国革命の聖地「井冈山」
专列	zhuān-liè	専用列車
启程	qǐchéng	出発する、旅に出る

消息 (ニュース)

全国部分城市

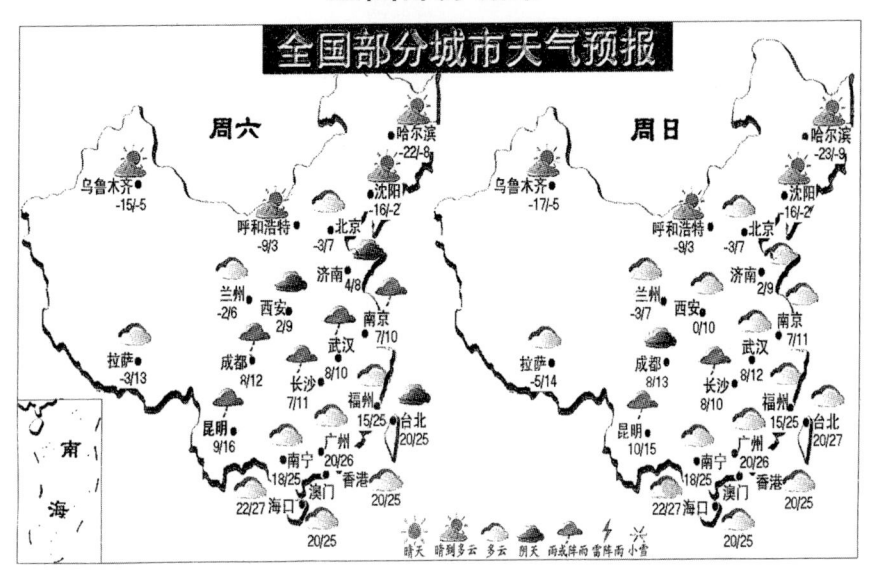

全国部分城市天气预报

周六
乌鲁木齐 -15/-5
哈尔滨 -22/-8
沈阳 -16/-2
呼和浩特 -9/3
北京 -3/7
济南 4/8
兰州 -2/6
西安 2/9
南京 7/10
拉萨 -3/13
成都 8/12
武汉 8/10
长沙 7/11
福州 14/25
昆明 9/16
南宁 20/26
广州 18/25
香港 20/25
澳门 22/27
海口 20/25
台北 20/25

周日
乌鲁木齐 -17/-5
哈尔滨 -23/-9
沈阳 -16/-2
呼和浩特 -9/3
北京 -3/7
济南 2/9
兰州 -3/7
西安 0/10
南京 7/11
拉萨 -5/14
成都 8/13
武汉 8/10
长沙 8/12
福州 15/25
昆明 10/15
南宁 20/26
广州 18/25
香港 20/25
澳门 22/27
海口 20/25
台北 20/27

晴天　晴到多云　多云　阴天　雨或阵雨　雷阵雨　小雪

■ 注释

城市	chéngshì	都市
哈尔滨	Hā'ěrbīn	ハルピン
沈阳	Shěnyáng	瀋陽
济南	Jǐnán	済南
南京	Nánjīng	南京
福州	Fúzhōu	福州
广州	Guǎngzhōu	広州
香港	Xiānggǎng	香港
澳门	Àomén	マカオ
武汉	Wǔhàn	武漢
长沙	Chángshā	長沙
西安	Xī'ān	西安
成都	Chéngdū	成都
昆明	Kūnmíng	昆明
兰州	Lánzhōu	蘭州
呼和浩特	Hūhéhàotè	フフホト
拉萨	Lāsà	ラサ
乌鲁木齐	Wūlǔmùqí	ウルムチ

B-10 動・植物

	中文	ピンイン	日本語
☐	草	cǎo	草、稲・麦わら
☐	茶	chá	茶
☐	瓜	guā	瓜
☐	花儿	huār	花
☐	麦子	màizi	麦
☐	棉	mián	綿花
☐	棉花	miánhua	綿花
☐	水果	shuǐguǒ	果物
☐	苹果	píngguǒ	リンゴ
☐	葡萄	pútao	ブドウ
☐	香蕉	xiāngjiāo	バナナ
☐	芹菜	qíncài	セリ、セロリ
☐	青菜	qīngcài	小松菜、あおな類
☐	蔬菜	shūcài	野菜
☐	树	shù	木
☐	松树	sōngshù	松の木
☐	竹子	zhúzi	竹
☐	竹笋	zhúsǔn	竹の子
☐	鸡	jī	鶏
☐	猪	zhū	豚
☐	鸭	yā	鴨
☐	牛	niú	牛
☐	羊	yáng	羊
☐	老虎	lǎohǔ	虎
☐	猴子	hóuzi	猿
☐	鹿	lù	鹿
☐	猫	māo	猫
☐	蛇	shé	蛇
☐	蜜蜂	mìfēng	蜜蜂
☐	虾	xiā	海老
☐	鱼	yú	魚

动物"刑场"

消息（ニュース）

安徽菜农办蔬菜超市

安徽菜农鲍祥根在上海事业有新发展，最近在延安西路镇宁路口，办起一家蔬菜超市，每天销售蔬菜一吨以上。

两年前，鲍祥根在宝山区罗店镇创办了金篮子蔬菜园艺场，一年四季种植五十多个品种。在销售上，他采取直销方法，把新鲜蔬菜直接送到上海大学、财经大学等单位食堂。去年十月，他对市场进行调查，发现蔬菜超市具有发展潜力，便在镇宁路上开出第一家蔬菜超市。八位安徽菜农克服业务不太熟练的困难，坚持每天分二次将二十余种新鲜蔬菜进行加工后上市。

鲍祥根透露，今年准备在市中心再开出四、五家蔬菜超市。

■注释

安徽	Ānhuī	安徽省
菜农	càinóng	野菜農家
超市	chāoshì	スーパーマーケット
直销	zhí xiāo	直接販売
单位	dānwèi	機関、団体など
上市	shàng//shì	市場に出す
透露	tòulù	（意向などを）公にする

B-11 飲食

	中文	拼音	日本語
☐	菜	cài	おかず、料理
☐	香肠	xiāngcháng	ソーセージ
☐	茶叶	cháyè	茶葉
☐	红茶	hóngchá	紅茶
☐	咖啡	kāfēi	コーヒー
☐	盐	yán	塩
☐	糖	táng	砂糖、あめ
☐	油	yóu	油
☐	香油	xiāngyóu	胡麻油
☐	酱油	jiàngyóu	醤油
☐	醋	cù	酢
☐	酒	jiǔ	酒
☐	啤酒	píjiǔ	ビール
☐	白开水	báikāishuǐ	白湯（さゆ）
☐	汽水	qìshuǐ	ジュース
☐	牛奶	niúnǎi	牛乳
☐	包子	bāozi	肉饅頭
☐	馒头	mántou	マントウ、蒸しパン
☐	饺子	jiǎozi	餃子
☐	点心	diǎnxin	おやつにするお菓子
☐	早点	zǎodiǎn	朝食（北方）
☐	蛋糕	dàngāo	ケーキ
☐	冰淇淋	bīngqílín	アイスクリーム
☐	米	mǐ	米
☐	大米	dàmǐ	米
☐	小米	xiǎomǐ	粟
☐	面	miàn	麺、うどん、小麦粉
☐	面包	miànbāo	パン
☐	面条儿	miàntiáor	麺、うどん
☐	饭	fàn	ご飯、食事
☐	粥	zhōu	かゆ
☐	稀饭	xīfàn	かゆ
☐	米饭	mǐfàn	米のご飯
☐	早饭	zǎofàn	朝食
☐	午饭	wǔfàn	昼食
☐	晚饭	wǎnfàn	夕食
☐	肉	ròu	肉

☐	猪肉	zhūròu	豚肉
☐	汤	tāng	スープ
☐	烟	yān	タバコ

消息（ニュース）

无辣不成餐

　　我经常外出（必须声明，全是自掏腰包），所以有遍尝各地名产的口福，也让我有了更多了解各地饮食特点的机会。感触最深的，是不少地方的吃辣习惯。四川人号称不怕辣，贵州人争说怕不辣，湖南人更是辣不怕。所到之处，确实让人大开眼界，有些地方几乎是家家的门旁、屋檐下都挂满了一串串的干辣椒，几乎每道菜里都有辣味，简直是到了无辣不成餐的地步。

■注释

掏腰包	tāo yāobāo	自腹を切る、自分の金を出す
口福	kǒufú	おいしいものにありつく運、口の幸い
不怕辣、怕不辣、辣不怕	bù pà là. pà bù là. là bù pà	いずれも「辛いものが大好物である」の意味

中式烹饪决赛

■注释

中式烹饪	Zhōngshì pēngrèn	中華料理
维修	wéixiū	維持修理
比赛	bǐsài	試合
决赛	juésài	決勝

　　长宁区总工会和区劳动局联合举办"万名职工大练兵"活动,项目有中式烹饪、维修电工、计算机等技能比赛,推进职工素质的提高。　图为来自该区各系统的30名选手参加中式烹饪（中级）决赛

B-12 抽象名詞

- 事情　　shìqing　　　用事、ことがら
- 问题　　wèntí　　　　問題、質問
- 办法　　bànfǎ　　　　方法
- 方法　　fāngfǎ　　　 方法
- 错　　　cuò　　　　　過失、あやまり、間違い
- 毛病　　máobìng　　　欠点、故障、問題
- 工夫　　gōngfu　　　　時間、ひま、努力
- 空儿　　kòngr　　　　ひま
- 心　　　xīn　　　　　 こころ
- 意思　　yìsi　　　　　意味、面白味
- 注意　　zhùyì　　　　 注意
- 思想　　sīxiǎng　　　 思想、考え
- 关系　　guānxi　　　　関係、つながり、関連
- 价钱　　jiàqian　　　 値段
- 样子　　yàngzi　　　　格好、形、ようす、形勢
- 颜色　　yánsè　　　　 色
- 声音　　shēngyīn　　　声、音
- 香味儿　xiāngwèir　　 香気、香り
- 味道　　wèidao　　　　味
- 味儿　　wèir　　　　　におい（臭い、匂い）
- 数儿　　shùr　　　　　数
- 能源　　néngyuán　　　エネルギー源

団
圓

■注释

　団圆　tuányuán　（離散した肉親、家族が）再会する

消息（ニュース）

福

12月21日，日本东京繁华的浅草地区竖起了绘有白蛇的巨大招牌。随着中国农历辛巳新年的临近，深受中国传统文化漫润的日本人也开始准备迎接蛇年的到来。

■注释

繁华	fánhuá	にぎやかな
招牌	zhāopái	看板
辛巳	xīnsì	陰暦の辛巳（しんし）の年、2001年を表す
临近	línjìn	接近、近づく
迎接	yíngjiē	迎える

B-13 身　体

☐	身体	shēntǐ	からだ
☐	身子	shēnzi	からだ、体格
☐	脸	liǎn	顔
☐	鼻子	bízi	鼻
☐	牙	yá	歯
☐	嘴	zuǐ	口
☐	眼睛	yǎnjing	眼
☐	耳朵	ěrduo	耳
☐	眉毛	méimao	眉毛
☐	头发	tóufa	髪の毛
☐	脑袋	nǎodai	頭
☐	脑子	nǎozi	脳、頭の働き
☐	舌头	shétou	舌
☐	嗓子	sǎngzi	喉、声
☐	手	shǒu	手
☐	手指	shǒuzhǐ	手の指
☐	手腕子	shǒuwànzi	手首
☐	指头	zhǐtou	指
☐	脚	jiǎo	足（くるぶしから下）
☐	腿	tuǐ	足（大腿部からくるぶしまで）
☐	肚子	dùzi	腹
☐	肺	fèi	肺
☐	血	xiě	血
☐	生命	shēngmìng	生命
☐	岁	suì	歳、年、年月
☐	岁数	suìshu	年令
☐	年纪	niánjì	年令

生命在于运动

养生天地

■注释

养生天地　yǎngshēng tiāndì　健康コーナー、欄

消息（ニュース）

早餐宜添加蔬菜水果

日常生活中一日三餐，早餐占着重要的位置，早餐应占一日三餐热量的三分之一左右。具体安排吃什么好？没有统一规格，应根据各自家庭与个人的习惯、爱好各取所需。早晨起来，食欲不一定很好，消化能力也差一些，建议尽量不吃油煎炸食品，以吃易消化吸收食品为主，牛奶、鸡蛋、豆浆、面包、馒头、面条、稀饭、馄饨、燕麦片等均可选用。这里值得一提的是，目前大众早餐中宜加入一些新鲜蔬菜水果。

■注释

早餐	zǎocān	朝ご飯、朝食
热量	rèliàng	カロリー
各取所需	gèqǔsuǒxū	各自が必要な分をとる
油煎炸食品	yóu jiān-zhá shípǐn	油で炒めたり揚げた食品
鸡蛋	jīdàn	にわとりの卵
豆浆	dòujiāng	豆乳
馄饨	húntun	ワンタン
燕麦片	yànmàipiàn	オートミール

B-14 親族呼称

☐	爸爸	bàba	お父さん（対称、他称）
☐	父亲	fùqin	父親
☐	妈妈	māma	お母さん（対称、他称）
☐	母亲	mǔqin	母親
☐	哥哥	gēge	兄さん（対称、他称）
☐	弟弟	dìdi	弟
☐	兄弟	xiōngdì	兄と弟
☐	姐姐	jiějie	姉さん（対称、他称）
☐	妹妹	mèimei	妹
☐	爱人	àiren	つれあい、伴侶
☐	先生	xiānsheng	～さん、Mr.（ミスター）に相当する（外人に対して）
☐	伯伯	bóbo	父の兄、叔父さん
☐	叔叔	shūshu	父の弟、叔父さん
☐	婶子	shěnzi	父の弟の妻、叔母さん
☐	男子	nánzǐ	男子
☐	女子	nǔzǐ	女子
☐	儿子	érzi	息子
☐	女儿	nǚ'ér	むすめ
☐	孙子	sūnzi	孫
☐	孩子	háizi	子ども
☐	小孩子	xiǎoháizi	子ども
☐	小孩儿	xiǎoháir	子ども
☐	少年	shàonián	少年
☐	少女	shàonǔ	少女
☐	青年	qīngnián	青年
☐	师傅	shīfu	親方、師匠、～さん
☐	同志	tóngzhì	同志
☐	阿姨	āyí	叔母さん、保母、お手伝い
☐	小姐	xiǎojie	お嬢さま、むすめ、ミス
☐	朋友	péngyou	友人
☐	同学	tóngxué	同級生、同窓生
☐	别人	biéren	人さま、他人
☐	人们	rénmen	ひとびと

消息（ニュース）

帐单

——小朋友，你爸呢？
——不是我爸，是街上叫我来吃饭的陌生人。

■注释
陌生　mòshēng　見知らぬ、見なれない

奥运新梦

■注释
争夺　zhēngduó　争奪する
冠军　guànjūn　優勝

ドリル編

ピンイン本文：念一念（読んでみましょう）…55p〜 93p
単語ドリル……………………………………95p〜133p

念一念
Niàn yi Niàn　※"不""一"の声調は変調後の声調としました。

A－1　Nǐ shì "wǎngchóng" ma?

学科	氏名

Suízhe yīntèwǎng jìshù de fāzhǎn hé pǔjí, yǔ "wǎng" yǒuguān de cí yíxiàr duōle qilai.

"Wǎngmín" "wǎngyǒu" shì shàng wǎng de rén hé wǎng shang de péngyou, "wǎngxiào" "wǎngdiàn" shì wǎng shang de xuéxiào hé shāngdiàn, "wǎng shang gòu wù" "wǎng shang chǎo gǔ" "wǎng shang zhāopìn" shì zài wǎng shang jìnxíng de gè zhǒng huódòng. Háiyǒu yí ge gèng xíngxiàng de cí ── "wǎngchóng", tā jiè chóngzi bǐyù nàxiē yì tóu zuānjìn jìsuànjī bù kěn chūlai de chīmízhě. Suīrán "wǎngchóng" bú xiàng "zhùchóng" "lǎnchóng" "jìshēngchóng" nàyàng hányǒu míngquè de biǎnyì, dànshì zhōngrì chénnì yú "wǎng shàng liáotiān" "wǎng shang yóuxì", háishi bú tài hǎo ba?

Nǐ yídìng yě shì yí ge "wǎngmín" ba, nàme nǐ shì bu shì "wǎngchóng" ne?

55

A — 2　Nǐ shì shénme "zú" ?

学科	氏名

"Wǒ shì Hànzú" "Tā shì Huízú", zhège "zú" biǎoshì mínzú, zhǒngzú. Kěshì zuìjìn jǐ nián, xiàng "shàngbān zú", "dǎgōng zú" "kāichē zú" "gōng-jiāo zú" de shuōfa liúxíng qilai, "X X zú" shì bǎ jùyǒu mǒu zhǒng gòngtóng tèzhēng de rén guīwéi yílèi de shuōfa, suǒyǐ "shàngbān zú" jiùshì nàxiē yǒu gùdìng gōngzuò de rén, ér "dǎgōng zú" zéshì zuò línshí gōngzuò de rén. "Kāichē zú" shì yǒu sīrén qìchē de rén, "gōng-jiāo zú" shì lìyòng gōnggòng qìchē、dìtiě děng jiāotōng gōngjù shàng xià bān de rén.

Nàme "dǎdī zú"、"shuākǎ zú" ne? Nǐ yídìng zhīdao tāmen shì xiē shénmeyàng de rén le ba. Kěnéng nǐ bù shǔyú zhè xiē "zú", dànshì shì nǐ bu shì yí ge chóngbài gēxīng、yǐngxīng de "zhuīxīng zú" ne?

A－3 Cóng "xiàgǎng" dào "xiàkè"

学科	氏名

"Xiàgǎng" běnlái shì zhǐ jūnrén huò jǐngchá líkāi shǒuwèi de gǎngwèi, xiànzài zé yòng lái bǐyù shīyè. "Xiàgǎng zhígōng" "xiàgǎng rényuán" de zàijiùyè shì dāngjīn Zhōngguó shèhuì yí ge jí dài jiějué de dà wèntí.

"Xiàkè" běnlái shì zhǐ xuéxiào li shàngkè shíjiān jiéshù, lǎoshī tóngxué xiūxi. Dànshì jìn jǐ nián lái, "xiàkè" de jiàoshēng kāishǐ cóng qiúchǎng hé qiúmí de kǒu zhōng chuánchū. Yuánlái zhèli "xiàkè" de yìsi shì shuō qiúyuán de biǎoxiàn tài chà, yīnggāi xià chǎng le, qiúmí yòng "xiàkè" biǎoshì bùmǎn de qíngxù. Tóngyàng, tīng bàogào shí shuō "xiàkè", shì zhǐ bàogào fáwèi wú qù, yīnggāi jiéshù le, kàn jiémù shí shuō "xiàkè", shì zhǐ yǎnchū bù jīngcǎi, bù hé kǒuwèi, búyào zài yǎn le.

Jìnlái, "xiàkè" de shǐyòng fànwéi guǎng le, bàmiǎn zhíwù, xiàgǎng yě yòngshàngle "xiàkè" yì cí, bào shang jiù yǒu "duìdài lǚkè tàidù shēngyìng, lièchēzhǎng 'xiàkè le'" de biāotí, suǒyǐ "xiàkè" chéngle bù tǐmiàn de xiàtái de tóngyìyǔ.

A－4　Dàochù dōu yǒu "xiù"

	学科	氏名

"Xiù" shì Yīngyǔ "show" de yīnyì. Nǐ rúguǒ shāowēi zhùyì yíxià, huì fāxiàn zuìjìn zài wǒmen de shēnghuó li tūrán chūxiànle xǔxǔ-duōduō de "xiù", "tuōkǒu xiù"、"fúzhuāng xiù"、"fàxíng xiù"、"mófǎng xiù" děngděng. Zài zhèli "xiù" kěyǐ jiěshì wéi "yòng --- biǎoyǎn、zhǎnshì". Suǒyǐ yǒu tuōkǒu'érchū, jīzhì línghuó kǒucái de jiào "tuōkǒu xiù", shànyú wéimiào-wéixiào mófǎng tārén de jiù jiào "mófǎng xiù", ér yòng fúzhuāng、fàxíng yǎnchū、zhǎnshì de jiù jiào "fúzhuāng xiù" "fàxíng xiù".

Jìrán shì biǎoyǎn zhǎnshì, jù yǒu gùzuò zītài, jiǎoróuzàozuò de, rénmen shuō nà shì "zuò xiù", "zuò xiù" kěyǐ shuō shì duì "zuòjiǎ" yōumò、shànyì de fěngcì.

A－5 "Kànhǎo" yǔ "jiànhǎo"

学科	氏名

"Zhōngguó shìchǎng qiánjǐng kànhǎo, "nǎinai de bìng jiànhǎo le", zhè liǎng ge jùzi de "kànhǎo" yǔ "jiàn hǎo" shì bù néng hùhuàn de, wèi shénme ne?

"Kànhǎo" de "hǎo" biǎoshì wèirán de、yùcè de "hǎo", biǎoshì gūjì huì yuè lái yuè hǎo, "jiànhǎo" de "hǎo" shì yǐrán de、yǐjing kàndào de "hǎo". Zhōngguó shìchǎng yǒu fāzhǎn qiántú, huì yuè lái yuè hǎo, suǒyǐ yòng "kànhǎo", nǎinai de bìng jīngguò zhìliáo, yǐjing kàndào liáoxiào, suǒyǐ yòng "jiànhǎo".

Xiànzài wǒmen jīngcháng kěyǐ zài bàokān zázhì shang kàndào "Wàishāng kànhǎo Běijīng fángdìchǎn" "Zhè chǎng bǐsài, rénmen kànhǎo Shēnhuā duì", zhè shì biǎoshì yìzhǒng xuǎnzé, zài hěn duō chéngshì hé gè zhǒng hángyè zhōng, wàishāng rènwéi Běijīng de fángdìchǎn gèng yǒu fāzhǎn, zài liǎng zhī qiúduì de bǐsài zhōng, rénmen rènwéi "Shēnhuā duì" qǔ shèng de kěnéngxìng hěn dà.

"Zhè liǎng nián háizi de gèzi jiànzhǎng, māma què jiàn lǎo le", zhè shì shuō suìyuè liúshì, háizi de gèzi zhǎng gāo le, māma què zài zhújiàn biàn lǎo.

A—6 "Kù" le yòu "kù"

学科	氏名

"Kù" shì Yīngyǔ "cool" de yīnyì, dànshì tā chéngwéi yí ge fēicháng liúxíng de Hànyǔ xīn cí hòu, hányì gèng fēngfù le.

"Kù" yǐjing bù jǐnjǐn kěyǐ xíngróng lěngjùn gāngyì de nánxìng, jiǎngjiu fúshì zhuāngbàn、zhuīqiú biāoxīnlìyì de nǚxìng, yě kěyǐ xíngróng yíqiè yǒu gèxìng、yǒu tèdiǎn、yǔ zhòng bù tóng de shìwù.

Yōuměi de jiànzhù、xīncháo de qìchē、jīngcǎi de biǎoyǎn、gāocháo de jìyì、shíshàng de yǔyán、dōu kěyǐ yòng yí ge "kù" zì lái zànměi, suǒyǐ "kù" yě kěyǐ shuō shì "tài hǎo le" de tóngyìcí.

Yīnwei xiànzài zhuīqiú shímáo de shàonán shàonǚ xǐhuan "bàn kù" "bǐ kù" "wánr kù", suǒyǐ "kùgē"、"kùmèi"、"kùzhuāng"、"kùfà"、"kùyǔ"、"kùpíng" mǎntiānfēi.

B — 1 Gāokǎo jīntiān fābǎng

学科	氏名

Tú wéi jiā zhù Xiāngshānlù 8 hào de kǎoshēng Gù Zhēnpíng gāoxìng de shōudàole Shànghǎi Jiāotōng Dàxué lùqǔ tōngzhīshū.

Jiàoshījié

Zuótiān, Gānsù Shěng Huìníng Xiàn Tóuzhàizǐ Xiāng 4 míng xiǎoxué jiàoshī, zài jǐnzhāng mánglù de gōngzuò zhōng dùguòle méiyǒu xiānhuā、méiyǒu zhǎngshēng de jiàoshījié. Yóuyú jīngfèi duǎnquē, shīzī lìliàng yánzhòng bùzú gāi xiǎoxué 4 wèi lǎoshī yào jiāo 1 zhì 6 niánjí de 180 míng xuésheng. Tú wéi rènjiào 10 nián de yǔwén jiàoshī Zhū Guìzhōng zài kèwài fǔdǎo xuésheng liànxí shūxiě shēngcí shēngzì. Yóuyú jīngjì kùnnan, háizimen zhǐhǎo jīngcháng zài huángtǔdì shang liàn zì.

67

B — 2　Xiānggǎng shìmín wèiwèn zhù Gǎng bùduì

学科	氏名

Xiānggǎng yìqiān sānbǎi duō shìmíng rìqián fù Shēnzhèn Zhōngguó Rénmín Jiěfàngjūn zhù Gǎng bùduì Shēnzhèn jīdì wèiwèn. Zhè shì Xiānggǎng huíguī zǔguó hòu, Xiānggǎng shìmín duì zhùjūn jìnxíng de guīmó zuì dà de yí cì wèiwèn huódòng.

B－3 2008 Běijīng yōngbào Ào-yùn

学科	氏名

Jiāng Zémín zhì diàn Lǐ Lánqīng duì Běijīng shēn Ào chénggōng biǎoshì rèliè zhùhè.

Sìshí wàn shǒudū qúnzhòng chèyè kuánghuān qìngzhù shēn Ào chénggōng.

(Xīnhuáshè Běijīng qī yuè shísān rì diàn) Lìshǐ de shùnjiān biànchéngle yǒnghéng de huānlè. Dāng Běijīng shēn Ào chénggōng de xiāoxi chuánlai, jùjí zài Zhōnghuáshìjìtán de gè jiè qúnzhòng bàofā chū páishān-dǎohǎi de huānhū. Sìshí wàn Běijīng qúnzhòng zìfā láidào Tiān'ānmén Guǎngchǎng, huānqìng shēn Ào chénggōng.

B — 4　Shànghǎi gāosù gōnglù wǎng

学科	氏名

　　Shànghǎi gāosù gōnglù wǎng 「Jiǔ jiā yī」 de zhòngyào zǔchéng bùfen, yě shì liánjiē Zhèjiāng de zhòngyào tōngdào A4 gōnglù (Xīn Fèng Jīn gāosù gōnglù) gōngchéng jìnzhǎn shùnlì, mùqián yǐ wánchéng tóuzī'é de yíbàn, běn yuèdǐ wánchéng tǔ lùjī shīgōng, míngniándǐ quánxiàn jùngōng tōngchē.

B — 5   Liúxíng kuǎnshì

学科	氏名

Mínzú fúshì jīn chūn chéngwèi Shēn Chéng jiētóu de liúxíng kuǎnshì. Nǐ qiáo, zhèxiē chuānzhe kuǎnshì gè yì de mínzú fúshì de nǚshìmen, fǎngfú dàilaile yì gǔ nóngnóng de chūnyì.

B — 6   Shǎnxī "ǎoduàn" yícìxìng mùkuài

	学科	氏名

Wèi bǎohù sēnlín zīyuán hé shēngtài xiàoyì Shǎnxī "ǎoduàn" yícìxìng mùkuài (Jù Xīnhuáshè Xī'ān 6 yuè 1 rì wǎnbào zhuāndiàn) Shǎnxī Shěng cóng jīntiān qǐ bú zài shēngchǎn、xiāoshòu hé shǐyòng hàofèi dàliàng mùcái de yícìxìng mùkuài.

Shěng zhèngfǔ de juédìng shuō, cǐqián guǎngfàn shǐyòng de yícìxìng mùkuài, bùjǐn dàliàng xiāohào sēnlín zīyuán, érqiě zài shēngchǎn、yùnshū hé xiāoshòu zhōng dàilaile duō cì wūrǎng.

Yǒu zīliào xiǎnshì, wǒ guó xiànzài měi nián shēngchǎn dàyuē 450 yì shuāng yícìxìng mùkuài, xūyào kǎn fá yángshù、huàshù 2500 wàn kē.

B — 7 Guònián nóngjiā lè

学科	氏名

Lǎoren sài qí

Xīnchūn jiājié, Zhūjiājiǎozhèn de Jiāngnán dì-yī chálóu ——Chūnlái

Chálóu xǐqì yángyáng, dàjiā hēhē chá, xiàxià qí, kāizhǎn jiànkāng

wénmíng de yúlè huódòng, nuǎnyì róngróng, qílè-wúqióng.

B — 8　Lìyòng tàiyángnéng zhàomíng de jiēdēng、diànhuàtíng、cèsuǒ

学科	氏名

Tàiyángnéng shēngtài cèsuǒ、tàiyángnéng zhìnéng zhàomíngdēng、nàmǐ cáiliào kōngqì jìnghuàqì、nàmǐ sùgāng ménchuāng děng gāo-kē-jì huánbǎo shèshī, rìqián zài Běijīng Tǐyùguǎn nèiwài luòhù, wèi shēnbàn 2008 nián Ào-yùnhuì de Běijīng zēngtiān yí dào liànglì de fēngjǐngxiàn.

Tú ① Běijīng Gōngrén Tǐyùchǎng nèi xīn jiàn de jīng yì tiān cǎiguāng jiù kě zhàomíng sān tiān de tàiyángnéng zhàomíngdēng.

Tú ② Lìyòng tàiyángnéng tígōng diànyuán de diànhuàtíng.

Tú ③ Běijīng Gōngrén Tǐyùchǎng xīn ānzhuāng de dàiyǒu tàiyángnéng diànchíbǎn de shēngtài cèsuǒ. Zhè zhǒng cèsuǒ jié néng jié shuǐ, wèishēng shūshì, tàiyángnéng diànchí néng tígōng 1000 wǎ de diànliàng, chōngfèn bǎozhèng cèsuǒ zhàomíng、dònglì hé shìwài dēngxiāng guǎnggào yòng diàn.

B — 9　Huángjīnzhōu

学科	氏名

"Wǔ-yī" huángjīnzhōu jiāng lín, wǎng Nánchāng fāngxiàng de lǚyóu xiànlù huǒbào, xǔduō rén xiǎng qù gémìng shèngdì Jǐnggāng Shān yì yóu. Tú wéi zuó wǎn Shànghǎi zhì Nánchāng de lǚyóu zhuān-liè jiāng qǐchéng.

B—10 Ānhuī càinóng bàn shūcài chāoshì

学科	氏名

Ānhuī càinóng Bào Xiánggēn zài Shànghǎi shìyè yǒu xīn fāzhǎn, zuìjìn zài Yán'ānxīlù Zhènnínglùkǒu, bànqǐ yì jiā shūcài chāoshì, měitiān xiāoshòu shūcài yì dūn yǐshàng.

Liǎng nián qián, Bào Xiánggēn zài Bǎoshān Qū Luódiànzhèn chuàngbànle Jīnlánzi shūcài yuányìchǎng, yì nián sìjì zhòngzhí wǔshí duō ge pǐnzhǒng. Zài xiāoshòu shang, tā cǎiqǔ zhíxiāo fāngfǎ, bǎ xīnxiān shūcài zhíjiē sòngdào Shànghǎi Dàxué、Cáijīng Dàxué děng dānwèi shítáng. Qùnián shí yuè, tā duì shìchǎng jìnxíng diàochá, fāxiàn shūcài chāoshì jùyǒu fāzhǎn qiánlì, biàn zài Zhènnínglù shang kāichū dì-yī jiā shūcài chāoshì. Bā wèi Ānhuī càinóng kèfú yèwù bú tài shúliàn de kùnnan, jiānchí měitiān fēn liǎng cì jiāng èrshí yú zhǒng xīnxiān shūcài jìnxíng jiāgōng hòu shàng shì.

Bào Xiánggēn tòulù, jīnnián zhǔnbèi zài shì zhōngxīn zài kāichū sì、wǔ jiā shūcài chāoshì.

B—11　Wú là bù chéng cān

学科	氏名

Wǒ jīngcháng wàichū (bìxū shēngmíng, quán shì zì tāo yāobāo), suǒyǐ yǒu biàn cháng gè dì míngchǎn de kǒufú, yě ràng wǒ yǒule gèng duō liǎojiě gè dì yǐnshí tèdiǎn de jīhuì. Gǎnchù zuì shēn de, shì bù shǎo dìfang de chī là xíguàn. Sìchuānrén hàochēng bú pà là, Guìzhōurén zhēng shuō pà bú là, Húnánrén gèng shì là bú pà. Suǒ dào zhī chù, quèshí ràng rén dà kāi yǎnjiè, yǒuxiē dìfang jīhū shì jiājiā de mén páng, wūyán xià dōu guàmǎnle yí chuànchuàn de gān làjiāo, jīhū měi dào cài li dōu yǒu là wèi, jiǎnzhí shì dàole wú là bù chéng cān de dìbù.

Zhōngshì pēngrèn juésài

Chángníng Qū Zǒnggōnghuì hé qū láodòngjú liánhé jǔbàn "Wàn mín zhígōng dà liàn bīng" huódòng, xiàngmù yǒu zhōngshì pēngrèn、wéixiū diàngōng、jìsuànjī děng jìnéng bǐsài, tuījìn zhígōng sùzhì de tígāo.

B—12 Fú

学科	氏名

12 yuè 21 rì, Rìběn Dōngjīng fánhuá de Qiǎncǎo dìqū shùqǐle huìyǒu báishé de jùdà zhāopái. Suízhe Zhōngguó nónglì xīnsì xīnnián de línjìn, shēnshòu Zhōngguó chuántǒng wénhuà jìnrùn de Rìběnrén yě kāishǐ zhǔnbèi yíngjiē shénián de dàolái.

B—13 Zǎocān yì tiānjiā shūcài shuǐguǒ

学科	氏名

Rìcháng shēnghuó zhōng yí rì sān cān, zǎocān zhànzhe zhòngyào de wèizhì, zǎocān yīng zhàn yí rì sān cān rèliàng de sān fēn zhī yī zuǒyòu. Jùtǐ ānpái chī shénme hao? Méiyǒu tǒngyī guīgé, yīng gēnjù gèzì jiātíng yǔ gèrén de xíguàn、àihào gèqǔsuǒxū. Zǎochén qǐlai, shíyù bù yídìng hěn hǎo, xiāohuà nénglì yě chà yìxiē, jiànyì jǐnliàng bù chī yóu jiān-zhá shípǐn, yǐ chī yì xiāohuà xīshōu shípǐn wéi zhǔ, niúnǎi、jīdàn、dòujiāng、miànbāo、mántou、miàntiáo、xīfàn、húntun、yànmàipiàn děng jūn kě xuǎnyòng. Zhèlǐ zhíde yì tí de shì, mùqián dàzhòng zǎocān zhōng yí jiārù yìxiē xīnxiān shūcài shuǐguǒ.

B—14　Zhàngdān

	学科	氏名

——Xiǎopéngyǒu, nǐ bà ne?

——Búshì wǒ bà, shì jiēshang jiào wǒ lái chī fàn de mòshēng rén.

Ào-yùn xīn mèng

Wǒ xiǎng huódào 2008 (èr líng líng bā) nián, xuéhǎo wàiyǔ yíng wàibīng.

Kǔ liàn bā nián zhēngduó guànjūn.

A−1　人称代詞・疑問代詞・指示代詞

| | 学科 | 氏名 | 30 |

A．中国語（簡体字）に訳しなさい。　　　10

① 彼（　　　）　② このように（　　　）　③ 何（　　　）
④ どれ（　　　）　⑤ 幾つ10以上（　　　）　⑥ あそこ（　　　）
⑦ 幾つ10以下（　　　）　⑧ どのように、なぜ（　　　）
⑨ これ（　　　）　⑩ 何処（　　　）

B．漢字を選びなさい。　　　10

① zěnme　・　　　・他们
② zhèr　・　　　・什么
③ nǐmen　・　　　・那儿
④ zěnyàng　・　　　・怎么
⑤ jǐge　・　　　・如何
⑥ nàme　・　　　・这儿
⑦ tāmen　・　　　・几个
⑧ rúhé　・　　　・哪儿
⑨ nǎr　・　　　・那么
⑩ shénme　・　　　・怎样
　　　　　　　　　・你们

C．日本語を記号で選びなさい。　　　10

① 怎么样（　　）　② 你（　　）　③ 这里（　　）
④ 多少　（　　）　⑤ 哪儿（　　）　⑥ 他们（　　）
⑦ 这么　（　　）　⑧ 那（　　）
⑨ 什么　（　　）　⑩ 那里（　　）

> a このように　b 彼女　c どのようであるか　d あそこ　e あなた
> f 幾つ　g あれ　h 彼ら　i ここ　j どこ　k なに

A－2　職業・数詞・量詞

| | 学科 | 氏名 | 30 |

A．空欄を漢字（簡体字）で埋めなさい。　　10

① 教師：老（　）　　　② 庶民：老百（　）
③ 億：（　）　　　　　④ 少しの：一（　）
⑤ 医者：（　）夫　　　⑥ 運転手：司（　）
⑦ 一度行く：去一（　）⑧ 一声掛ける：叫一（　）
⑨ 二足の靴：（　）双鞋　⑩ 百メートルの長さ：一百（　）长

B．ピンインを選びなさい。　　10

① 两・　　　・sì
② 七・　　　・miàn
③ 九・　　　・wàn
④ 四・　　　・yī
⑤ 块・　　　・mǐ
⑥ 面・　　　・cì
⑦ 米・　　　・jiǔ
⑧ 次・　　　・tóu
⑨ 万・　　　・qī
⑩ 头・　　　・liǎng
　　　　　　・kuài

C．量詞を選びなさい。　　10

① 三（　）树叶　　② 三（　）香皂　　③ 两（　）文章
④ 十（　）牛　　　⑤ 一（　）镜子　　⑥ 三（　）人
⑦ 一（　）画　　　⑧ 两（　）纸
⑨ 一（　）信　　　⑩ 三（　）山

　　a 篇　　b 个　　c 张　　d 头　　e 米　　f 片
　　g 面　　h 幅　　i 封　　j 块　　k 座

A－3　方位詞

|　|学科|氏名|　/30|

A．当用漢字に直しなさい。　/10

① 边（　　　　）　　② 里（　　　　）
③ 门（　　　　）　　④ 东（　　　　）
⑤ 车（　　　　）　　⑥ 样（　　　　）
⑦ 几（　　　　）　　⑧ 头（　　　　）
⑨ 后（　　　　）　　⑩ 个（　　　　）

B．ピンインを選びなさい。　/10

① 东・　　　　・yòu
② 南・　　　　・páng
③ 西・　　　　・nán
④ 北・　　　　・dōng
⑤ 上・　　　　・zuǒ
⑥ 下・　　　　・běi
⑦ 里・　　　　・shàng
⑧ 后・　　　　・xī
⑨ 左・　　　　・hòu
⑩ 右・　　　　・xià
　　　　　　　　・lǐ

C．日本語に訳しなさい。　/10

① 旁边（　　　　）　　② 家里（　　　　）
③ 里面（　　　　）　　④ 中间（　　　　）
⑤ 外边（　　　　）　　⑥ 里边（　　　　）
⑦ 东边（　　　　）　　⑧ 右面（　　　　）
⑨ 后面（　　　　）　　⑩ 上边（　　　　）

A－4　時間詞

	学科	氏名	
			30

A．中国語（簡体字）に訳しなさい。　　／10

① 昨日　　（　　　　　）　② 明日　　（　　　　　）
③ 日曜日　（　　　　　）　④ 水曜日　（　　　　　）
⑤ 来年　　（　　　　　）　⑥ あさって（　　　　　）
⑦ おととし（　　　　　）　⑧ 今日　　（　　　　　）
⑨ 金曜日　（　　　　　）　⑩ 土曜日　（　　　　　）

B．ピンインを選びなさい。　　／10

① 前・　　　　・qī
② 星・　　　　・mín
③ 日・　　　　・míng
④ 天・　　　　・rì
⑤ 月・　　　　・qián
⑥ 去・　　　　・jīn
⑦ 期・　　　　・tiān
⑧ 明・　　　　・xīng
⑨ 今・　　　　・zuó
⑩ 昨・　　　　・yuè
　　　　　　　・qù

C．日本語を選びなさい。　　／10

① qiánnián　　・　　・今年
② jīntiān　　　・　　・火曜日
③ hòutiān　　　・　　・今日
④ xīngqī èr　　・　　・昨日
⑤ xīngqī tiān　・　　・おととし
⑥ sān yuè　　　・　　・あさって
⑦ míngtiān　　・　　・三月
⑧ zuótiān　　　・　　・木曜日
⑨ jīnnián　　　・　　・明日
⑩ yī yuè　　　・　　・日曜日
　　　　　　　　　　　・一月

A－5　動詞

	学科	氏名	
			/40

A．中国語（簡体字）に訳しなさい。　　　　　　　　　　/10

① 話す（　　　　）　② 考える　（　　　　　）
③ 歌う（　　　　）　④ 食べる　（　　　　　）
⑤ 飲む（　　　　）　⑥ 見る　　（　　　　　）
⑦ 学ぶ（　　　　）　⑧ 知っている（　　　　）
⑨ 呼ぶ（　　　　）　⑩ お願いする、招待する（　　　　）

B．ピンインを選びなさい。　　　　　　　　　　　　　　/20

① 抱歉・　　・shù kǒu　　　　① 想・　　・shuō
② 告诉・　　・kànjian　　　　② 说・　　・xiào
③ 欢迎・　　・gàosu　　　　　③ 学・　　・hǎo
④ 着急・　　・xīwàng　　　　④ 回・　　・xiě
⑤ 漱口・　　・bàoqiàn　　　　⑤ 吃・　　・shì
⑥ 希望・　　・xǐhuan　　　　⑥ 要・　　・huí
⑦ 觉得・　　・qǐ chuáng　　　⑦ 写・　　・xiǎng
⑧ 看见・　　・zháojí　　　　⑧ 是・　　・chī
⑨ 喜欢・　　・juéde　　　　　⑨ 笑・　　・xué
⑩ 感谢・　　・huānyíng　　　⑩ 听・　　・yào
　　　　　　・gǎnxiè　　　　　　　　　　・tīng

C．日本語を選びなさい。　　　　　　　　　　　　　　　/10

① 喝（　）② 看　（　）③ 懂　（　）④ 告诉（　）
⑤ 闻（　）⑥ 准备（　）⑦ 商量（　）⑧ 刷牙（　）
⑨ 讲（　）⑩ 怕　（　）

```
a 歯を磨く   b 聞く    c 計る    d 印刷する  e 見る    f 怖がる
g 相談する   h 飲む    i 話す    j 嗅ぐ     k 分かる   l 告げる
m 世話する   n 告訴する  o 準備する
```

A－6　形容詞

| | 学科 | 氏名 | / 40 |

A．中国語を選びなさい。　　　/ 10

①背が低い（　）②貧しい　（　）③難しい（　）④遠い（　）
⑤古い　　（　）⑥幅が広い（　）⑦空腹だ（　）⑧狭い（　）
⑨柔らかい（　）⑩太っている（　）

低　旧　贪　窄　软　难　胖　宽　饿　狭　矮　太　古　穷　广　远

B．ピンインを選びなさい。　　　/ 20

① 高兴・　　　　・nuǎnhuo
② 干净・　　　　・míngbai
③ 好看・　　　　・hǎokàn
④ 明白・　　　　・qīngchu
⑤ 简单・　　　　・shūfu
⑥ 清楚・　　　　・gāoxìng
⑦ 漂亮・　　　　・piányi
⑧ 舒服・　　　　・gānjìng
⑨ 便宜・　　　　・biàndang
⑩ 暖和・　　　　・jiǎndān
　　　　　　　　・piàoliang

① 白・　　　　・gòu
② 够・　　　　・huài
③ 大・　　　　・duì
④ 热・　　　　・shòu
⑤ 冷・　　　　・dà
⑥ 坏・　　　　・lèi
⑦ 瘦・　　　　・duō
⑧ 久・　　　　・rè
⑨ 累・　　　　・bái
⑩ 对・　　　　・lěng
　　　　　　　・jiǔ

C．日本語を記号で選びなさい。　　　/ 10

① 累（　）② 快（　）③ 不错（　）④ 清楚（　）
⑤ 干净（　）⑥ 够（　）⑦ 好看（　）⑧ 不要紧（　）
⑨ 贵　（　）⑩ 晚（　）

a 清潔だ　b 値段が高い　c 足りる　d 荒い　e 疲れている
f 見栄えがよい　g 速い、切れる　h 大丈夫だ、心配ない
i はっきりしている　j 良い　k 遅い　l 地位の高い

B－1　文化・体育・学習

| | 学科 | 氏名 | | 30 |

A．当用漢字に直しなさい。　10

① 笔（　）　② 汉（　）　③ 儿（　）　④ 机（　）
⑤ 书（　）　⑥ 乐（　）　⑦ 杂（　）　⑧ 戏（　）
⑨ 圆（　）　⑩ 说（　）

B．ピンインを選びなさい。　10

① 铅笔・　　　　　・Rìwén
② 外文・　　　　　・dàxué
③ 汉语・　　　　　・zuòpǐn
④ 相片・　　　　　・Zhōngwén
⑤ 中文・　　　　　・qiānbǐ
⑥ 文化・　　　　　・wàiwén
⑦ 日文・　　　　　・wénhuà
⑧ 课本・　　　　　・Hànyǔ
⑨ 大学・　　　　　・kèběn
⑩ 作品・　　　　　・xiàngpiàn
　　　　　　　　　・gāngbǐ

C．日本語に訳しなさい。　10

① 照片　　（　　　　）
② 棒球　　（　　　　）
③ 收音机　（　　　　）
④ 暑假　　（　　　　）
⑤ 班　　　（　　　　）
⑥ 画儿　　（　　　　）
⑦ 钢笔　　（　　　　）
⑧ 英文　　（　　　　）
⑨ 戏　　　（　　　　）
⑩ 圆珠笔　（　　　　）

B－2　社会生活・歴史・産業

学科	氏名	
		30

A．当用漢字に直しなさい。　　10

① 乡（　　）　② 长（　　）　③ 开（　　）　④ 营（　　）
⑤ 业（　　）　⑥ 价（　　）　⑦ 务（　　）　⑧ 总（　　）
⑨ 报（　　）　⑩ 电（　　）

B．ピンインを選びなさい。　　10

① 工人・　　　　　・gōngzī
② 工厂・　　　　　・gōngcī
③ 工资・　　　　　・gōngrén
④ 工作・　　　　　・gōngchǎng
⑤ 国家・　　　　　・gōngzuò
⑥ 社会・　　　　　・zhǔren
⑦ 钱包・　　　　　・dàjiā
⑧ 公司・　　　　　・guójiā
⑨ 大家・　　　　　・shèhuì
⑩ 主人・　　　　　・qiánbāo
　　　　　　　　　・gōngsī

C．日本語を選びなさい。　　10

① 乡下・　　　　　・仕事
② 报　・　　　　　・会議
③ 票　・　　　　　・田舎、農村
④ 大家・　　　　　・映画
⑤ 钱包・　　　　　・新聞
⑥ 营业・　　　　　・財布
⑦ 工作・　　　　　・電灯
⑧ 电影・　　　　　・総理、首相
⑨ 总理・　　　　　・営業、経営
⑩ 开会・　　　　　・切符、券
　　　　　　　　　・皆さん

109

B－3　場所・建物

| | 学科 | 氏名 | | 30 |

A．当用漢字に直しなさい。　　　／10

① 邮（　　）　② 车（　　）　③ 庙（　　）　④ 汉（　　）
⑤ 园（　　）　⑥ 剧（　　）　⑦ 场（　　）　⑧ 笔（　　）
⑨ 桥（　　）　⑩ 书（　　）

B．ピンインを選びなさい。　　　／10

① 饭店・　　　　　　・yuànzi
② 公园・　　　　　　・xuéxiào
③ 商店・　　　　　　・ménkǒu
④ 书店・　　　　　　・yīyuàn
⑤ 学校・　　　　　　・fàndiàn
⑥ 医院・　　　　　　・wūzi
⑦ 银行・　　　　　　・yínháng
⑧ 门口・　　　　　　・shūdiàn
⑨ 房子・　　　　　　・fángzi
⑩ 屋子・　　　　　　・shāngdiàn
　　　　　　　　　　・gōngyuán

C．漢字を選び、日本語に訳しなさい。　　　／10

① 院（　　）［　　　　］　② （　　）站［　　　　］
③ （　　）子［　　　　］　④ （　　）子［　　　　］
⑤ 门（　　）［　　　　］　⑥ （　　）店［　　　　］
⑦ 公（　　）［　　　　］　⑧ （　　）局［　　　　］
⑨ 座（　　）［　　　　］　⑩ （　　）场［　　　　］

　　子　剧　园　车　屋　房　饭　邮　位　口

B－4　交通・通信

| 学科 | 氏名 | /30 |

A．声調符号をつけなさい。　/10

① 船 chuan　② 公 gong　③ 票 piao　④ 街 jie
⑤ 电车 dianchē　⑥ 口 kou　⑦ 火 huochē　⑧ 卡车 kachē
⑨ 飞机 feijī　⑩ 邮 you

B．語訳をa～cの中から選びなさい。　/10

① 汽车　　［a 蒸気機関車　b 自動車　c 汽車］
② 飞机　　［a 事務机　b 座り机　c 航空機］
③ 火车　　［a 貨車　b 火の車　c 汽車］
④ 电车　　［a 電車　b トロリーバス　c 電気自動車］
⑤ 卡车　　［a トラック　b バス　c 二階建てバス］
⑥ 新闻　　［a 新聞紙　b ニュース　c 新品］
⑦ 邮票　　［a 入場券　b 切手　c 回数券］
⑧ 信封　　［a 手紙　b 封筒　c 通信］
⑨ 站　　　［a 起立　b 駅　c プラットホーム］
⑩ 路　　　［a 道　b 路地　c 高速道路］

C．日本語を参考にして空欄を埋めなさい。　/10

① 公共（　　　）车　　トラック
② （　　　）机　　　　電車
③ （　　　）车　　　　封筒
④ （　　　）车　　　　航空機
⑤ （　　　）车　　　　汽車
⑥ （　　　）闻　　　　バス
⑦ 邮（　　　）　　　　切手
⑧ （　　　）　　　　　道路
⑨ （　　　）封　　　　駅
⑩ （　　　）　　　　　ニュース
　　　　　　　　　　　新聞

....
　　新　　票　　汽　　飞　　火　　卡　　站　　信　　路　　电　　道
....

B−5　服装

| | 学科 | 氏名 | / 30 |

A．声調符号をつけなさい。　　　　　　　　　/ 10

① 裙 q u n　② 衣 y ī　③ 手 sh o u　④ 鞋 x i e　⑤ 裤 k u

⑥ 袜 w a　⑦ 汗 h a n　⑧ 大 d a　⑨ 毛 m a o　⑩ 帽 m a o

B．中国語を選びなさい。　　　　　　　　　　/ 10

① ブラウス・　　　　　・手绢儿
② オーバー・　　　　　・毛衣
③ ズボン　・　　　　　・裤子
④ セーター・　　　　　・衬衫
⑤ スカート・　　　　　・毛巾
⑥ ハンカチ・　　　　　・大衣
⑦ 靴下　　・　　　　　・手套
⑧ 手袋　　・　　　　　・袜子
⑨ シャツ　・　　　　　・衣裳
⑩ タオル　・　　　　　・裙子
　　　　　　　　　　　　・汗衫

C．適当な漢字を選び、日本語に訳しなさい。　/ 10

① chèn （　）［　　　］　② máo （　）［　　　］
③ （　）fu　［　　　］　④ wà （　）［　　　］
⑤ kù （　）［　　　］　⑥ dà （　）［　　　］
⑦ shàng（　）［　　　］　⑧ qún （　）［　　　］
⑨ hàn （　）［　　　］　⑩ mào （　）［　　　］

　　　　　　　子　　衣　　衫

B－6　生活・用具・工具

|　|学科|氏名|／30|

A．当用漢字に直しなさい。　／10

① 电（　）　② 东（　）　③ 药（　）　④ 机（　）
⑤ 开（　）　⑥ 钟（　）　⑦ 伞（　）　⑧ 关（　）
⑨ 桌（　）　⑩ 盖（　）

B．漢字を選びなさい。　／10

① 茶（　）　② 茶（　）　③ 茶（　）　④ 电（　）
⑤ 电（　）　⑥ （　）子　⑦ （　）子　⑧ （　）子
⑨ （　）子　⑩ （　）李

　行　　碗　　匙　　椅　　壶　　扇　　桌　　视　　杯　　刀

C．日本語を選びなさい。　／10

① 刷子　　・　　　　・ふた
② 盖儿　　・　　　　・スプーン
③ 钟　　　・　　　　・箸
④ 东西　　・　　　　・ベッド
⑤ 筷子　　・　　　　・置き時計
⑥ 自行车・　　　　・腕時計
⑦ 手表　　・　　　　・スイッチ
⑧ 香皂　　・　　　　・ブラシ
⑨ 开关　　・　　　　・自転車
⑩ 床　　　・　　　　・石鹸
　　　　　　　　　　・物

B－7　時間

| | 学科 | 氏名 | /30 |

A． 声調符号をつけなさい。　　　　　　　　　　　　　　　　/10

① 在 zai　② 天 tian　③ 上 shang　④ 晚 wan
⑤ 春 chun　⑥ 夜 ye　⑦ 年 nian　⑧ 日 ri
⑨ 早 zao　⑩ 时 shi

B．漢字を選びなさい。　　　　　　　　　　　　　　　　　　/10

① 现（　）　② 白（　）　③ 日（　）　④ 时（　）
⑤ （　）午　⑥ （　）上　⑦ （　）午　⑧ （　）上
⑨ （　）里　⑩ 春（　）

::::
　天　天　夜　子　上　下　年　间　晚　在　早
::::

C．日本語を選びなさい。　　　　　　　　　　　　　　　　　/10

① 钟头　　　　・　　　　・時
② 傍晚　　　　・　　　　・夕方
③ 夜里　　　　・　　　　・物
④ 春节　　　　・　　　　・夜明け
⑤ 时候　　　　・　　　　・しばらくの間
⑥ 天亮　　　　・　　　　・時間（長さ）
⑦ 小时　　　　・　　　　・早朝
⑧ 一会儿　　　・　　　　・旧暦の正月
⑨ 早晨　　　　・　　　　・時間（長さ）
⑩ 东西　　　　・　　　　・夜中
　　　　　　　　　　　　　・期日

119

B－8　天文

| | 学科 | 氏名 | | 30 |

A．当用漢字に直しなさい。　　　10

① 风（　　）　② 电（　　）　③ 气（　　）　④ 厉（　　）
⑤ 冰（　　）　⑥ 阳（　　）　⑦ 节（　　）　⑧ 亮（　　）
⑨ 时（　　）　⑩ 头（　　）

B．ピンインを選びなさい。　　　10

① （　　　　）露　② （　　yáng）太阳　③ （kōng　　）空气
④ （　liang）月亮　⑤ （xià　　）下雨　⑥ （xià　　）下雪
⑦ （　　　　）星　⑧ （　　　　）闪　⑨ （guā　　）刮风
⑩ （　tiān　）夏天

> fēng　xuě　yǔ　yuè　tài　qì　lù　shǎn　xīng　xià

C．日本語を選びなさい。　　　10

① 闪电・　　　　・雪が降る
② 冰　・　　　　・こおり
③ 月历・　　　　・星
④ 亮　・　　　　・明るい
⑤ 闪　・　　　　・稲妻
⑥ 刮风・　　　　・ピカリと光る
⑦ 下雨・　　　　・雨が降る
⑧ 下雪・　　　　・風が吹く
⑨ 月亮・　　　　・月
⑩ 星星・　　　　・カレンダー

B－9　地理

	学科	氏名	
			30

A．当用漢字に直しなさい。　　　　　　　　　／10

① 图（　）　② 头（　）　③ 钟（　）　④ 关（　）
⑤ 开（　）　⑥ 药（　）　⑦ 电（　）　⑧ 价（　）
⑨ 杂（　）　⑩ 质（　）

B．日本語に訳しなさい。　　　　　　　　　／10

① 地图（　　　）　② 石头（　　　）　③ 洞（　　　）
④ 冰（　　　）　⑤ 太阳（　　　）　⑥ 冬天（　　　）
⑦ 春节（　　　）　⑧ 早上（　　　）　⑨ 小时（　　　）
⑩ 煤（　　　）

C．ピンインを選びなさい。　　　　　　　　／10

① 山・　　　　　・huǒ
② 河・　　　　　・shuǐ
③ 石・　　　　　・hé
④ 水・　　　　　・hǎi
⑤ 海・　　　　　・tú
⑥ 火・　　　　　・shān
⑦ 地・　　　　　・dì
⑧ 油・　　　　　・shí
⑨ 泥・　　　　　・ní
⑩ 图・　　　　　・dòng
　　　　　　　　・yóu

B－10　動植物

	学科	氏名	
			30

A．日本語に訳しなさい。　／10

① 香蕉（　　　　）② 麦子（　　　　）③ 水果（　　　　）
④ 鸡　（　　　　）⑤ 竹子（　　　　）⑥ 猪　（　　　　）
⑦ 树　（　　　　）⑧ 老虎（　　　　）⑨ 猴子（　　　　）
⑩ 苹果（　　　　）

B．漢字を選びなさい。　／10

① pútao　（　　萄）② shíhou　（　　时　）③ shūcài　（　　菜）
④ qíncài　（　　菜）⑤ qīngcài（　　菜）⑥ sōngshù（　　松　）
⑦ zhúsǔn（竹　　）⑧ tàiyáng（太　　）⑨ miánhua（棉　　）
⑩ dìtú　（地　　）

```
蔬　　青　　芹　　树　　花　　阳　　图　　葡　　笋　　候
```

C．ピンインを選びなさい。　／10

① 茶・　　　・shé
② 猪・　　　・xiā
③ 虾・　　　・yáng
④ 鱼・　　　・yú
⑤ 苹・　　　・cǎo
⑥ 牛・　　　・niú
⑦ 草・　　　・chá
⑧ 猫・　　　・cài
⑨ 蛇・　　　・píng
⑩ 羊・　　　・zhū
　　　　　　・māo

125

B－11　飲食

	学科	氏名	
			30

A．当用漢字に直しなさい。　　　　　　　　　　　　　10

① 叶（　）　② 盐（　）　③ 面（　）　④ 肠（　）
⑤ 鱼（　）　⑥ 饭（　）　⑦ 鸡（　）　⑧ 树（　）
⑨ 烟（　）　⑩ 汤（　）

B．日本語を選びなさい。　　　　　　　　　　　　　　10

① 菜　　　・　　　　　・白湯（さゆ）
② 香肠　　・　　　　　・ジュース
③ 冰淇淋・　　　　　　・パン
④ 香油　　・　　　　　・かゆ（粥）
⑤ 啤酒　　・　　　　　・おかず、料理
⑥ 白开水・　　　　　　・アイスクリーム
⑦ 牛奶　　・　　　　　・ビール
⑧ 汽水　　・　　　　　・ソーセージ
⑨ 面包　　・　　　　　・うどん
⑩ 稀饭　　・　　　　　・牛乳
　　　　　　　　　　　　・胡麻油

C．漢字を選びなさい。　　　　　　　　　　　　　　　10

① （　）油　② （　）肉　③ （　）饭　④ （　）饭
⑤ （　）头　⑥ （　）米　⑦ （　）条儿　⑧ （　）叶
⑨ （　）子　⑩ （　）心

　　┌──────────────────────────┐
　　│　馒　茶　猪　大　酱　晚　点　米　红　面　包　│
　　└──────────────────────────┘

B－12　抽象名詞

|学科|氏名| /30 |

A．日本語を選びなさい。　　　　　　　　　/10

① 办法・　　　　　・意味、面白味
② 毛病・　　　　　・欠点、故障、問題
③ 工夫・　　　　　・形、ようす
④ 错　・　　　　　・間違い
⑤ 样子・　　　　　・ひま
⑥ 空儿・　　　　　・方法
⑦ 意思・　　　　　・値段
⑧ 颜色・　　　　　・意志
⑨ 价钱・　　　　　・色
⑩ 能源・　　　　　・エネルギー源
　　　　　　　　　・ひま

B．漢字を選びなさい。　　　　　　　　　/10

① jiǎozi（饺　　）② jiàngyóu（酱　　　）③ kāfēi（　　啡）
④ sīxiǎng（思　　）⑤ xiāngwèir（香　　儿）⑥ shùr（　　儿）
⑦ guānxi（　　系）⑧ mántou（馒　　　）⑨ miànbāo（　　包）
⑩ shìqing（事　　）

数　味　方　情　子　油　想　咖　头　关　面

C．ピンインを選びなさい。　　　　　　　/10

① 问题・　　　　　・máobìng
② 错　・　　　　　・kòngr
③ 毛病・　　　　　・shēngyīn
④ 工夫・　　　　　・wèntí
⑤ 心　・　　　　　・fāngfǎ
⑥ 样子・　　　　　・yàngzi
⑦ 声音・　　　　　・zhùyì
⑧ 方法・　　　　　・cuò
⑨ 注意・　　　　　・gōngfu
⑩ 味道・　　　　　・xīn
　　　　　　　　　・wèidao

B－13　身体

| | 学科 | 氏名 | 30 |

A．日本語を選びなさい。　10

① 嘴　　　・　　　・眼
② 嗓子　　・　　　・指
③ 牙　　　・　　　・年齢
④ 身子　　・　　　・指先
⑤ 眼睛　　・　　　・手首
⑥ 脑子　　・　　　・脳、頭のはたらき
⑦ 手腕子・　　　・口
⑧ 舌头　　・　　　・喉、声
⑨ 岁数　　・　　　・身体
⑩ 指头　　・　　　・歯
　　　　　　　　　　・舌

B．漢字を選びなさい。　10

① dùzi　　（　　子）　② ěrduo　（耳　）　③ liǎn　（　　）
④ nǎodai　（　　袋）　⑤ suì　　（　　）　⑥ niánjì　（　　纪）
⑦ tóufa　　（　　发）　⑧ shēntǐ　（身　）　⑨ bízi　（　　子）
⑩ shǒuzhǐ　（　　指）

　脸　手　朵　年　岁　嘴　肚　体　脑　头　鼻

C．ピンインを選びなさい。　10

① 眉毛・　　　　・yǎnjing
② 生命・　　　　・tóufa
③ 岁数・　　　　・sǎngzi
④ 舌头・　　　　・shēngmìng
⑤ 眼睛・　　　　・méimao
⑥ 头发・　　　　・shétou
⑦ 嗓子・　　　　・suìshu
⑧ 血　・　　　　・xiě
⑨ 嘴　・　　　　・jiǎo
⑩ 脚　・　　　　・suǐ
　　　　　　　　・zuǐ

B-14　親族呼称

| 学科 | 氏名 | /30 |

A．日本語を選びなさい。　　　　　　　　　　　/10

① 爸爸　・　　　　　・姉
② 妈妈　・　　　　　・父
③ 哥哥　・　　　　　・子ども
④ 姐姐　・　　　　　・母
⑤ 儿子　・　　　　　・おじさん
⑥ 女儿　・　　　　　・兄
⑦ 小孩儿・　　　　　・おばさん
⑧ 伯伯　・　　　　　・同級生、同窓生
⑨ 阿姨　・　　　　　・親方、師匠
⑩ 同学　・　　　　　・むすめ
　　　　　　　　　　　・息子

B．漢字を選びなさい。　　　　　　　　　　　　/10

① rénmen　（　　们）　② fùqin　（　父　　）　③ nǚ'ér　（　　儿）
④ sūnzi　（　　子）　⑤ xiǎojie　（小　　）　⑥ xiǎoháizi（小　　子）
⑦ àiren　（　　人）　⑧ tóngzhì（同　　）　⑨ shīfu　（　　傅）
⑩ qīngnián（　　年）

> 爱　孩　人　志　亲　女　青　姐　孙　母　师

C．ピンインを選びなさい。　　　　　　　　　　/10

① 同学・　　　　　・mèimei
② 妹妹・　　　　　・dìdi
③ 哥哥・　　　　　・péngyou
④ 姐姐・　　　　　・gēge
⑤ 少年・　　　　　・tóngxué
⑥ 弟弟・　　　　　・érzi
⑦ 儿子・　　　　　・xiānsheng
⑧ 朋友・　　　　　・jiějie
⑨ 先生・　　　　　・shàonián
⑩ 男子・　　　　　・nánzǐ
　　　　　　　　　　・shǎonián

編著者紹介

吉冨　透
　　亜細亜大学非常勤講師

何　秋平
　　大東文化大学非常勤講師

陳　思穎
　　大東文化大学エクステンションセンター講師

関口　勝
　　亜細亜大学経営学部助教授

原瀬　隆司
　　大東文化大学外国語学部助教授

覚える中国語 ─ 必修単語800 ─

定価（本体1,800円＋税）

2003.4.1　初版第2刷発行
2002.4.5　初版第1刷発行

発行者　井田洋二

発行所　〒101-0062　東京都千代田区神田駿河台3の7
　　　　電話　東京03(3291)1676　FAX 03(3291)1675
　　　　振替　00190-3-56669番
　　　　E-mail：edit@e-surugadai.co.jp
　　　　URL：http://www.e-surugadai.com

株式会社　駿河台出版社

㈱フォレスト

ISBN 4-411-01967-1　C3087　¥1800E